優渥^{叢書}

INVESTING PRINCIPLES

用 150 張圖學會

K線
紀律學

抓住「波段推升型態」，讓你秒勝的短線、當沖不敗戰法！

25 年強勢股操盤手 明發◎著

 CONTENTS

前言　教你從 K 線變化，找出股價漲跌的規律　　　　　　　006

第1章

為什麼會漲停？
因為有量才有價！

1-1　想賺漲停板，你得懂的第一堂課

　　1-1-1　漲停板是什麼？　　　　　　　　　　　　　011

　　1-1-2　漲停板的性質，可以從這些面向分析　　　　014

　　1-1-3　漲停板的內外動因：消息面＆主力機構行為　016

　　【重點整理：漲停板基本知識】　　　　　　　　　021

1-2　了解漲停或飆漲，得知道的三件事！

　　1-2-1　第一件事：漲停板能快速吸引資金進入　　　022

　　1-2-2　第二件事：漲停板能快速啟動上漲行情　　　023

　　1-2-3　第三件事：漲停板能推動股價行情飆漲　　　024

　　【重點整理：漲停板的實戰意義】　　　　　　　　026

1-3　漲停板的 3 大類型及跟進方法是……

　　1-3-1　吸籌建倉型漲停板，要大膽逢低買進　　　　027

1-3-2　洗盤補倉型漲停板先等等　　　　　　　　029

1-3-3　拉高出貨型漲停板，最好別碰　　　　　031

【重點整理：了解 3 大類型漲停板】　　　　036

第 2 章

讓分時圖告訴你，短線、當沖該怎麼做？

2-1　開盤即漲停該賣嗎？遵守紀律等等再賣

2-1-1　遇到這類漲停板，成交量放大時出場　　039

2-1-2　遇到這類漲停板，不輕易搶板買進　　　051

【重點整理：掌握開盤即漲停的交易規則】　063

2-2　開高快速鎖死別盲目追，訊號對了再出手

2-2-1　開高一波快速封上漲停板　　　　　　　064

2-2-2　開高兩波快速封上漲停板　　　　　　　070

2-2-3　開高快速上衝減壓後封上漲停板　　　　081

【重點整理：掌握開高快速鎖死的交易規則】　091

2-3　波次越少越強勢，上漲訊號來了就加碼

2-3-1　開高（平）3 個波次接力封上漲停板　　092

2-3-2　開高（平）多波次接力封上漲停板　　　　　　　　*102*

2-3-3　開高（平）窄幅橫盤整理突破封上漲停板　　　　　*111*

【重點整理：學會多波次封漲停板的選股技巧】　　　　　*121*

第3章

K 線圖教你該買或該賣的紀律法則，還能避開主力陷阱！

3-1　主力早就預知利多，用圖看懂提前拉抬的 K 線型態

3-1-1　這種一字漲停 K 線型態，可追漲！　　　　　　　*125*

3-1-2　這種一字漲停 K 線型態，小心見頂訊號！　　　　*139*

【重點整理：了解漲停 K 線買進原則 1】　　　　　　　*150*

3-2　開盤直接封漲停，打開後又封回的 K 線，該買嗎？

3-2-1　這類 T 字漲停 K 線型態，你該積極買進　　　　　*151*

3-2-2　這類 T 字漲停 K 線型態，高手才進場　　　　　　*160*

【重點整理：了解漲停 K 線買進原則 2】　　　　　　　*168*

3-3　實戰中常見另外 3 種漲停 K 線，投資人別忽略

3-3-1　小陽線漲停 K 線型態，會持續上漲　　　　　　　*169*

3-3-2　大陽線漲停 K 線型態，後勢看好　　*177*

3-3-3　這種漲停 K 線型態，看好位置再跟進……　　*183*

【重點整理：了解漲停 K 線買進原則 3】　　*190*

第 4 章

有紀律的遵守均線運算結果，
10% 漲停輕鬆入袋

4-1　看圖買進這 3 種均線型態個股，獲利就這麼簡單

4-1-1　上漲中期均線蛟龍出海，股價即將上漲　　*194*

4-1-2　再次黏合向上發散，會展開拉升行情　　*200*

4-1-3　再次交叉向上發散，是逢低加碼好時機　　*207*

【重點整理：看懂均線型態中的加碼訊號】　　*214*

4-2　不管主力用什麼手法拉升，看到訊號再決定買或賣

4-2-1　多頭排列漲停型態，是強勢上漲訊號　　*216*

4-2-2　加速上漲初期漲停型態，是即將見頂訊號　　*222*

4-2-3　快速上漲初期漲停型態，小心上漲接近尾聲　　*229*

【重點整理：看懂均線型態中的賣出訊號】　　*237*

前言

教你從K線變化，
找出股價漲跌的規律

　　股市如人生，人生亦如股市，跌跌宕宕、起起伏伏；人生艱難，歲月知曉，股市艱辛，帳戶知道。股市作為一個證券投資交易市場，其實是一個零和博弈的市場。

　　雖然所有投資人的機會都是平等的，但由於不同程度受到國際經濟形勢不景氣、上市公司資訊造假、主力機構內幕交易、老鼠倉利益輸送、投資人能力素質等因素的影響，能在股市中賺到錢的只是少數人。正所謂「七虧二平一賺」，多數人都承擔著不同程度的虧損。

　　股市不同情弱者，馬太效應（Matthew Effect）的「強者愈強、弱者愈弱」現象，是國內股市的真實寫照，也是做股票就要做強勢股的依據。某些國家就目前形勢而言，股市並不完全存在如巴菲特所宣導的長期價值投資機會。想在股市上儘快賺到錢，尋找強勢股進行短線操作、快進快出，是包括主力機構在內的廣大投資人的最佳選擇。

　　大道至簡，順勢而為，做強勢股、做上升趨勢立竿見影，一般情況下當天買入當天就能產生收益。市場上異軍突起的許多飆股、大黑馬都是從強勢股中走出來的。強勢股中必定有主力機構在運作，主力機構操作一檔股票，無論有意還是無意，都會留下蛛絲馬跡，這就為投資人操盤提供了機會。

　　做強勢股做上升趨勢，其實就是做強勢節點，只做啟動至拉升或拉高這幾節，就如竹筍破土見日成長最快的這幾節。若能在生長速度變慢之前撤退離場，既省時省力還省資金。

　　想要發掘、抓住強勢股，做好強勢節點，必須學好基礎理論、練好基本功。在操盤實踐中真實感悟市場，不斷累積實戰經驗和獨特見解，形成自己的操盤思路、操盤風格和操盤模式。

　　本書主要以短線交易及短期行情操盤為主，運用大量實戰案例，詳細解析主力機構在操盤強勢股過程中的思路、方法及技巧。引導投資人做出準確分析，並理解操盤手的操盤細節、做盤手法和操縱目的，精準掌握買賣點，做到與主力同行，實現短線快速獲利。實戰操盤中，投資人一定要結合股價在 K 線走勢中所處的位置、成交量及均線型態等各種因素，分析研判後做慎重決策。

　　股市有風險，跟主力需謹慎。筆者將 20 多年操盤經驗和感悟述諸筆端、融入書中，為投資人提供操盤思路和技法。但千萬不能照搬照抄，投資人一定要根據手中股票的具體情況，通盤分析考慮後再決定是否買賣。

　　路雖遠，行將必至；事再難，做則必成。操作股票如同蓋房子，要從打基礎開始，既要有豐富的理論知識，又要有足夠的經驗教訓積累。

　　本人雖然從事證券投資 20 多年，但在證券專業知識結構、投資理念風格、操盤風險控制等方面還有許多缺陷，必然導致本書會有很多錯誤、缺失和不足。還請各路投資大家和讀者批評雅正，真心希望本書對讀者有所啟發和幫助。

第 1 章

為什麼會漲停？
因為有量才有價！

　　漲停板是由主力機構的操控行為所導致的，沒有主力機構的控盤和拉升，就沒有漲停板的產生，而主力機構拉漲停板的真正目的是實現快速獲利。

　　除了極少數以大陽線或中陽線啟動的強勢大漲股，幾乎所有強勢股（大牛股）都是由漲停板啟動的，強勢漲停板可以立即啟動一波行情，也可以立即推動一波行情的飆升。

　　由於追（搶）強勢股的漲停板，可以在短期內快速實現獲利，使漲停板成為強勢股中最完美最迷人的一道風景線。不論主力機構還是一般投資人，每天都有很多人追逐漲停板，成為投資人每個交易日中最怦然心動的時刻。

　　但不是所有漲停板都可以搶板，比如已經拉出多個漲停之後的漲停板、股價已至高位的漲停板、下跌趨勢中的漲停板等，是不能隨意搶板的，投資人一定要認真分析目標股票漲停的動因。

1-1

想賺漲停板，
你得懂的第一堂課

　　漲停板是一種特別的強勢盤面，一方面表現出個股股價具有強烈的上漲欲望，一方面透露出主力機構十分主動積極的操盤意圖。經由對漲停板的深入分析和研究，可以瞭解股價在個股走勢中所處的位置、主力機構的操盤意圖和目的，從而果斷做出是否搶漲停板（以下簡稱搶板）或者賣出的決策。

1-1-1　漲停板是什麼？

　　漲停，是指股票的漲幅達到了交易所規定的最高限制，即個股每天的最大漲幅不能超過前一交易日的百分比。

　　股票市場交易日內，股價漲幅的最高限度稱為漲停板，漲停時的股價稱為漲停板價。一般情況而言，開盤即封漲停板的個股，上漲欲望強烈，只要當日漲停板沒有被打開，下一交易日仍然有向上衝擊漲停板的可能。臨近收盤拉至漲停的個股，要根據個股股價所處的位置、當日成交量等情況個別判斷。

　　實戰中，要提防主力機構利用高位拉漲停板，操作漲停誘多騙線，達到引誘投資人搶漲停板（以下簡稱搶板）而出貨的目的。

　　圖1-1是300199翰宇藥業2021年11月12日收盤時的K線走勢圖，可以看出，當日該股強勢漲停，漲停價位之內的交易仍在繼續進行，直到當日收市為止。

　　該股震盪下跌時間長、跌幅大，且橫盤震盪洗盤吸籌時間也較長。主力機構在拉出漲停板之前已收出3根陽線，成交量明顯放大，股價處於強勢上升態勢。像這種走勢的個股，投資人可以在第二或第三根陽線當日逢低進場，後市會有比較滿意的收穫。

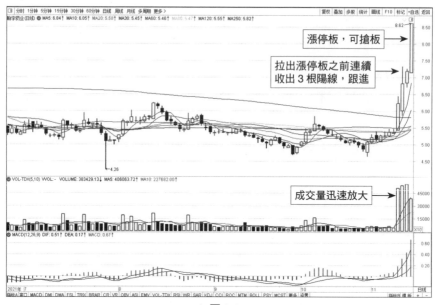

▲ 圖1-1

　　圖 1-2 是 300199 翰宇藥業 2021 年 11 月 12 日下午收盤時的分時走勢圖，可以看出該股當日開低後迅速拉高，半小時之內即封漲停板，至收盤漲停板沒打開，盤面強勢特徵明顯。

　　從分時盤面右邊的成交明細可以看出，交易時間內該股漲幅達到交易所規定的20%的最高限制（編按：台灣的規定則為，上市上櫃的股票當天股價漲跌不超過前一日收盤價的 10%），價格限定在 8.62 元停止上漲。但並沒有停止交易，漲停價上（8.62 元）的交易仍在繼續進行，直到當日收盤為止。

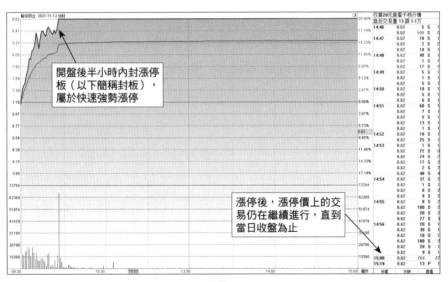

▲ 圖 1-2

1-1-2　漲停板的性質，可以從這些面向分析

　　漲停板是主力機構結合政策面、基本面、消息面、大盤走勢等情況，精心運作的交易日內漲幅的極限型態。每一個漲停板背後，都透露出主力機構的操盤意圖和目的，比如吸籌建倉或啟動拉升或盤中洗盤或騙線出貨等。只有看透漲停板的性質，才能掌握主力機構的意圖，從而做出正確的交易決策。

　　當然，如果從政策面、基本面、消息面、大盤走勢等因素來分析，我們也可以將漲停板理解為板塊效應（板塊輪動）、概念（題材或熱點）衝擊等原因，比如資產重組板塊或概念、生物醫藥板塊或概念，甚至可以具體到名稱，事物題材等。

　　圖 1-3 是 002909 集泰股份 2022 年 6 月 16 日收盤時的 K 線走勢圖。當日的漲停板屬於盤中洗盤型漲停板，漲停原因為「有機矽＋光伏概念＋比亞迪」重大利多。

　　可以看出，該股上市後上漲至 2017 年 11 月 15 日的最高價 32.90 元，然後一路震盪下跌，至 2022 年 4 月 27 日最低價 5.26 元止跌。下跌時間長、跌幅大，且橫盤震盪洗盤吸籌時間也較長，主力機構籌碼鎖定較好，控盤到位。

　　2022 年 6 月 10 日主力機構拉出一個大陽線漲停板，正式啟動快速拉升行情，隨後一口氣拉出 3 個一字漲停板，此時漲幅較大。6 月 16 日主力機構漲停價 9.66 元開盤，拉出一個 T 字漲停板（從當日分時走勢來看，盤中漲停板被打開，股價最低探至 9.11 元），成交量較前一交易日大幅放大。

　　很明顯，主力機構經由採取瞬間打開漲停板的操盤手法，誘

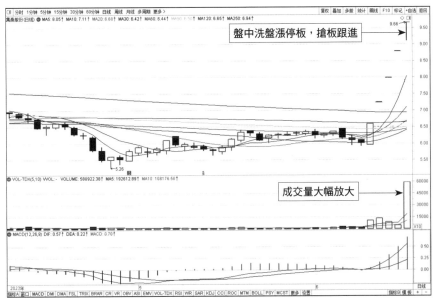

▲ 圖 1-3

騙投資人賣出手中籌碼、清洗獲利盤，拉高新進場投資人的買入成本，釋放向上拉升壓力。

　　圖 1-4 是 002909 集泰股份 2022 年 6 月 16 日收盤時的分時走勢圖，可以看出該股當日漲停開盤，9:45 漲停板被打開瞬間，成交量急速放大，前期進場的投資人開始獲利了結。

　　受漲停板打開的影響，大部分前期進場的投資人可能當天都獲利了結了。而在當日集合競價時進場，或漲停板打開時搶板進場的投資人，後期應該會有利人欣慰的收穫。

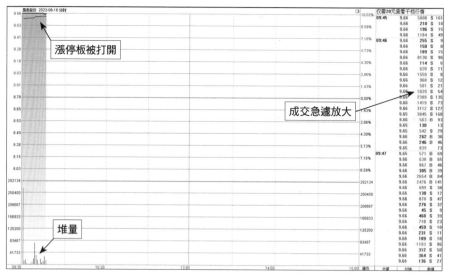

▲ 圖1-4

1-1-3　漲停板的內外動因：消息面&主力機構行為

　　股票不是隨隨便便就會漲停，能夠漲停的股票必然有其外在和內在原因，背後也必然有主力機構潛伏謀劃運作的痕跡。

（一）外在動因

　　外在動因即消息面方面的因素，一般有以下幾方面：一是政策面。國家經濟金融政策的重大變化，對股市漲跌具有很大的影響力。尤其是對某一行業的政策傾斜或優惠，對該行業或該板塊股票的價格走勢有重大影響，市場資金的大幅流入該板塊，將導致多數個股漲停。

　　二是基本面。企業重大（利多）事件，將導致公司股票出現

連續漲停，比如重大資產重組、業績大幅增長等重大利多。

三是突發事件的刺激。由於突發社會事件給企業帶來的實質性的利多，公司股票可能出現連續漲停。比如三年疫情其間，大盤疲軟股市低迷，但新冠疫苗、核酸檢測相關公司的股票，卻走出快速上漲的大好行情。

四是發達國家或地區，其市場變化對國內股市的影響。比如美股、港股市場的變化對中國股市影響重大，同時影響到個股的漲（跌）停變化。

圖 1-5 是 002911 佛燃能源 2022 年 7 月 21 日收盤時的 K 走勢圖，可以看出股價從前期相對高位一路震盪下跌，至 2022 年 4 月 27 日的最低價 8.20 元止跌。下跌時間長、跌幅大，其間有過 1 次較大幅度反彈。

2022 年 4 月 27 日股價止跌後，主力機構快速推升股價、收集籌碼，然後展開橫盤震盪洗盤吸籌行情，K 線走勢紅多綠少、紅肥綠瘦。

2022 年 7 月 21 日該股開高，收出一個大陽線漲停板，突破平台和前高，成交量較前一交易日放大 5 倍多，形成大陽線漲停 K 線型態，漲停原因為「燃氣＋氫能源＋充電樁＋業績增長」重大利多。

此時均線呈多頭排列（除 120 日均線外），MACD、KDJ 等技術指標開始走強，股價的強勢特徵已經顯現，後市快速上漲的機率大。投資人可以在當日搶板或次日擇機進場加碼，持股待漲，待股價出現明顯見頂訊號時賣出。

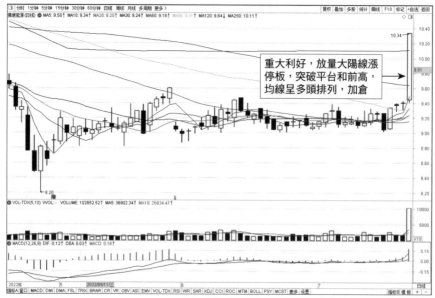

▲ 圖 1-5

（二）內在動因

內在動因即主力機構行為因素。事物的變化發展是內因和外因共同作用的結果：內因是事物變化發展的根本原因，外因是事物變化發展的條件，外因經由內因起作用。股票能不能漲停得看內在動因，即主力機構拉不拉，因為一般投資人沒有資金實力拉出漲停板。

其實，漲停板就是主力機構在坐莊過程中，提前預判或結合分析政策面、基本面、大盤走勢等情況，從技術層面精心謀劃運作、長期佈局吸籌建倉之後拉出來的。所以每一個漲停板的背後，都透露出主力機構的操盤意圖和目的。

內在動因有 2 個，即主力機構行為或技術層面方面的因素。一

是主力機構在低位（或相對低位）完成吸籌建倉後，借助個股利多，以漲停方式使股價快速脫離成本區，不讓投資人有逢低跟進的機會。

二是主力機構借助個股利多消息，快速突破前高（平台或坑口）、前期下跌密集成交區、主要均線等重要阻力位。

三是中期洗盤整理行情結束，主力機構借助個股利多消息，展開快速拉升行情，可能連續快速拉出多個漲停板。

四是主力機構借助漲停板吸引人氣，引起市場注意，引誘投資人進場而展開出貨。

另外還有主力機構展開的熱點概念炒作、板塊輪動引發的漲停板等。

實戰操盤中投資人要注意的是，除了上述外在和內在動因，操盤中還要考慮 K 線型態、成交量、均線型態、MACD、KDJ 等技術指標是否配合到位，這些重要技術指標，是股價後市持續上漲的重要保證。

圖 1-6 是 000820 神霧節能 2022 年 8 月 18 日收盤時的 K 走勢圖，可以看出該股 2021 年 5 月中旬前有過一波大漲。股價從前期相對低位，一路上漲至 2021 年 5 月 14 日最高價 5.27 元，然後主力機構展開大幅震盪洗盤整理行情，高賣低買與洗盤吸籌並舉。

2022 年 8 月 18 日（橫盤震盪洗盤整理行情持續 1 年多後），主力機構漲停開盤，收出一個一字漲停板，突破平台（前高），快速脫離成本區。當日成交量較前一交易日大幅萎縮（一字漲停板的原因），留下向上突破缺口，形成向上突破缺口和一字漲停 K 線型態。

　　漲停原因為「摘帽＋環保」重大利多。一是公司8月16日公告稱，8月18日開市起復牌，撤銷退市風險警示及其他風險警示。二是公司主營節能環保行業、清潔冶煉業務。

　　此時均線呈多頭排列，MACD、KDJ等技術指標開始走強，股價的強勢特徵已經顯現，後市快速上漲的機率大。投資人可以在當日搶板，或次日擇機進場加倉買入籌碼，持股待漲，待股價出現明顯見頂訊號時賣出。

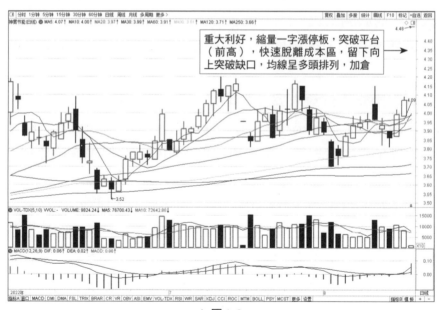

▲ 圖1-6

重點整理

漲停板基本知識

- 股票市場交易日內，股價漲幅的最高限度稱為漲停板，漲停時的股價稱之為漲停板價。
- 交易時間內的漲停板，只是漲停個股股票價格停止上漲，而並不是停止交易，漲停價上的交易仍在繼續進行，直到當日收市為止。
- 經由對漲停板深入分析，可以瞭解股價在個股走勢中所處的位置、主力機構的操盤意圖和目的，從而果斷做出是否搶板或者賣出的決策。

【實戰範例】

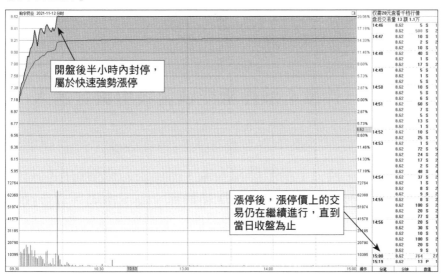

1-2 了解漲停或飆漲，得知道的三件事！

漲停板是主力機構行為，主力機構之所以要拉漲停板，無外乎是為了吸籌建倉、啟動拉升、盤中洗盤及騙線出貨，最終目的是獲利，具有重要的實戰意義。

1-2-1 第一件事：漲停板能快速吸引資金進入

由於漲停板在市場中具有最強大的獲利效應，沒有任何股票能比漲停板更能吸引市場眼球和人氣。所以主力機構拉出的每一個漲停板，都能引起市場的廣泛關注和跟風，吸引市場外資金踴躍進場買進籌碼。

尤其是股價處於高位的個股，主力機構往往經由拉出漲停板，引誘跟風盤，展開漲停誘多騙線出貨，達到兌現派發、隱秘完成出貨以實現獲利最大化的目的。

1-2-2　第二件事：漲停板能快速啟動上漲行情

　　個股的上漲行情，絕大多是從主力機構拉出漲停板，或標誌性大陽線開始啟動的。而由漲停板啟動的行情，大多突發性強、後期走勢比較迅猛。一般情況下，下跌幅度較大或橫盤震盪整理時間較長的個股，主力機構經由拉漲停板啟動行情，基本上可以確定為個股趨勢的反轉，或至少有一波較大幅度的反彈行情。

　　因此這種主力機構以漲停板啟動的個股，漲停板的實戰意義在於打開個股上升空間，有效奠定個股上漲的基礎，開啟一波上漲行情。投資人可以視情況進場，或待回測確認時逢低跟進。

　　圖 1-7 是 603665 康隆達 2021 年 9 月 13 日收盤時的 K 線走

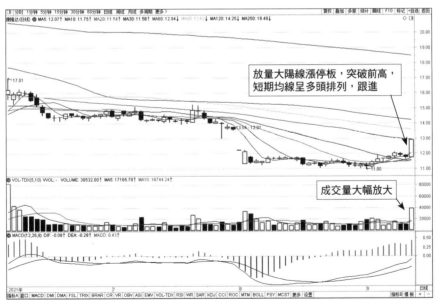

▲ 圖 1-7

勢圖，可以看出，該股上市後最高價上漲至 2017 年 3 月 27 日的79.23 元。然後一路震盪下跌，至 2021 年 8 月 3 日的最低價 11.34元止跌，下跌時間長、跌幅大。股價止跌後，主力機構展開強勢整理行情，繼續洗盤吸籌，主力機構籌碼趨於集中，控盤逐漸到位。

9 月 13 日主力機構拉出一個大陽線漲停板，突破前高，成交量較前一交易日放大近 4 倍，短期均線呈多頭排列型態，正式啟動快速上漲行情。

1-2-3　第三件事：漲停板能推動股價行情飆漲

漲停板能啟動一波上漲行情，也能推動行情的飆升。多數情況下，個股經過中期上漲行情之後，主力機構會展開較大幅度的整理洗盤，來清洗獲利盤和意志不堅定投資人，拉高他們的入場成本。

洗盤整理到位後，主力機構會經由拉漲停板的方式，啟動最後的拉升行情。此時個股股價已經步入快速上升通道，絕大多主力機構會以連續拉漲停板的方式，推動行情飆升，股價幾乎呈直線上升態勢。投資人可以在主力機構中期整理洗盤結束後、拉出第一個漲停板的當日或次日，尋機進場買入籌碼，待出現明顯見頂訊號時立馬賣出。

圖 1-8 是 601878 浙商證券 2020 年 7 月 9 日收盤時的 K 線走勢圖，可以看出，主力機構已拉出 7 個漲停板，可謂是一波漲幅巨大的飆升行情。該股上市後最高價上漲至 2017 年 9 月 5 日的 24.19元，然後一路震盪下跌，至 2018 年 10 月 17 日的最低價 5.45 元止跌，下跌時間長、跌幅大。

　　此後，主力機構展開大幅震盪盤升行情，主要操盤目的是收集籌碼、洗盤吸籌，同時高賣低買、降低成本，股價走勢呈上升趨勢。

　　震盪盤升行情持續 1 年 8 個多月之後的 2020 年 7 月 1 日，主力機構突然拉出 1 個大陽線漲停板，一陽穿 7 線，均線蛟龍出海型態形成。成交量較前一交易日放大近 3 倍，均線呈多頭排列，主力機構正式啟動大幅飆升行情。

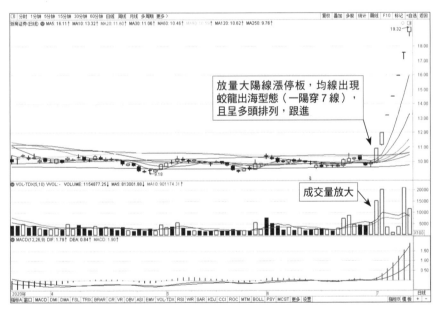

▲ 圖 1-8

漲停板的實戰意義

- 漲停板是主力機構用於吸引跟風盤、快速拉升股價、高位騙線出貨、實現獲利最大化的必然選擇,具有重要的實戰意義。
- 漲停板能夠啟動一波上漲行情,也能夠推動行情的飆升。多數情況下,個股經過中期上漲行情之後,主力機構會展開較大幅度的整理洗盤,清洗獲利盤和意志不堅定投資人,拉高其進場成本。

【實戰範例】

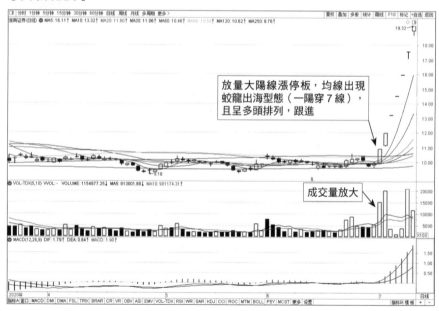

放量大陽線漲停板,均線出現蛟龍出海型態(一陽穿7線),且呈多頭排列,跟進

成交量放大

1-3

漲停板的 3 大類型及
跟進方法是……

依據漲停後的 K 線均線型態、成交量、漲停時間等因素，可以對漲停板做各種分類。以下依據漲停板出現在個股走勢中的不同位置，來進行分類。

漲停板出現在個股走勢中的不同位置或不同階段，展現出主力機構的不同操盤目的和意圖，其漲停的性質截然不同。一般情況下，漲停板分為三大類型，即吸籌建倉型漲停板、洗盤補倉型漲停板和拉高出貨型漲停板。

1-3-1　吸籌建倉型漲停板，要大膽逢低買進

吸籌建倉型漲停板出現在個股的上漲初期，主力機構用以拉高吸籌建倉所需的漲停板，屬於吸籌建倉型漲停板。個股長時間大幅下跌（或主力機構打壓洗盤）之後，主力機構開始慢慢吸籌建倉，達到一定倉位後，就會採取拉漲停板的方式來拉高建倉。

主力機構拉高建倉的目的，主要是快速完成籌碼的收集，同

時盡可能避免低位籌碼被其他投資人搶奪。

實戰操盤中，對於這種上漲初期、漲停價仍屬於主力機構成本價的漲停板，投資人要敢於大膽逢低跟進。

圖1-9是002101廣東鴻圖2022年1月17日收盤時的K線走勢圖，可以看出該股經過長期震盪下跌，跌幅巨大，然後又經過長期橫盤震盪洗盤吸籌，主力機構籌碼集中度較高。

2021年12月9日、10日，主力機構連續大幅跳空開高後快速漲停，以漲停板的方式拉高吸籌建倉。可見主力機構志存高遠，目標遠大，投資人可以積極逢低進場買進籌碼。

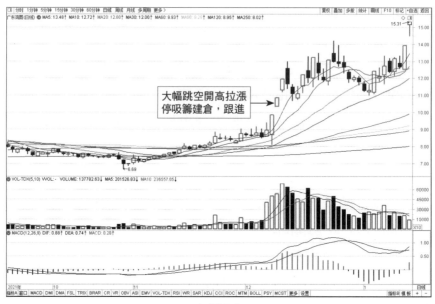

▲ 圖1-9

1-3-2　洗盤補倉型漲停板先等等

　　洗盤補倉型漲停板出現在個股的上漲中期，主力機構用以拉高洗盤補倉所需的漲停板，屬於洗盤補倉型漲停板。一般情況下，個股經過初期上漲之後，主力機構會展開回檔洗盤或震盪整理洗盤，高賣低買清洗獲利盤，拉高投資人的入場成本。若大勢較好，主力機構又感到洗盤不到位或不徹底，一般會經由拉漲停且打開漲停板的方式洗盤吸籌，達到清洗獲利盤、增補倉位目的。

　　實戰操盤中，對於這種上漲中期的洗盤補倉型漲停板，要結合 K 線走勢、漲停當日盤面分時走勢（尤其是成交量是否有效放大），整體分析判斷後，抓住漲停板打開時機，快速跟進。

　　圖 1-10 是 002077 大港股份 2022 年 8 月 17 日收盤時的 K 線走勢圖，可以看出該股經過長期震盪下跌，且長期橫盤震盪洗盤（挖坑）吸籌，主力機構展開初期上漲行情，收集籌碼。初期上漲之後，主力機構展開小幅橫盤洗盤補倉行情。其中 7 月 22 日、8 月 2 日，主力機構經由拉漲停且打開漲停板的方式，展開洗盤補倉。

　　圖 1-11 是 002077 大港股份 2022 年 7 月 22 日收盤時的分時走勢圖，可以看出主力機構採取大幅跳空開高的方式瞬間封漲停板，然後打開漲停板，展開洗盤補倉。上午漲停板多次打開，但打開時間都不長，每次的成交量也不大，明顯是散戶在拋售，主力機構在接盤。

　　圖 1-12 是 002077 大港股份 2022 年 8 月 2 日收盤時的分時走勢圖，可以看出主力機構採取開低、直接大幅回落洗盤的方式，欺騙投資人交出手中籌碼，然後迅速拐頭上行，直線上衝封漲停板。

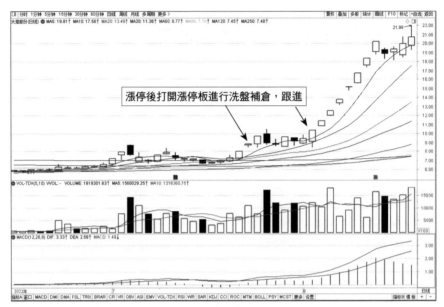

漲停後打開漲停板進行洗盤補倉,跟進

▲ 圖 1-10

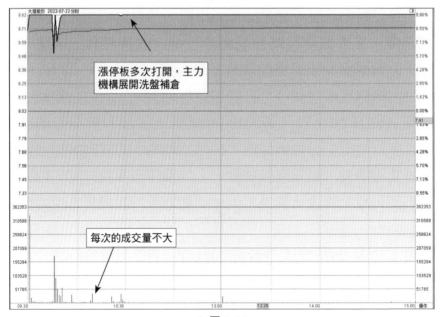

漲停板多次打開,主力
機構展開洗盤補倉

每次的成交量不大

▲ 圖 1-11

10:46 打開漲停板展開洗盤補倉，10:51 封回漲停板直至收盤。不管是早盤開低回落，還是 10:46 漲停板被打開，成交量都不大，明顯是散戶在拋售，主力機構在接盤。

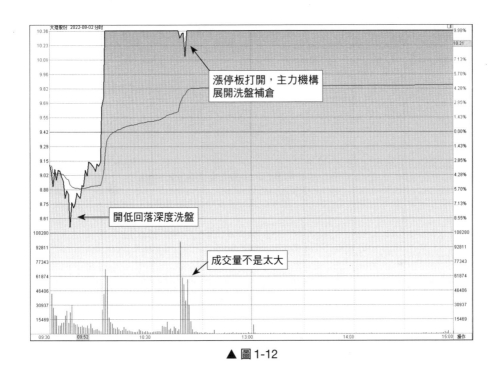

▲ 圖 1-12

1-3-3　拉高出貨型漲停板，最好別碰

拉高出貨型漲停板出現在個股走勢的高位或相對高位，主力機構以此拉出利潤空間，引誘跟風盤，以便出貨所需的漲停板，屬於拉高出貨型漲停板。主力機構的目的，主要是引起市場關注，吸引人們眼球，引誘投資人跟風接盤。對於這種上漲後期、主力機構

以出貨為主而拉出的漲停板，投資人最好別碰。

　　圖 1-13 是 002591 恒大高新 2022 年 7 月 27 日收盤時的 K 線走勢圖，可以看出，該股主力機構從 2022 年 7 月 11 日拉出一個大陽線漲停板開始，正式啟動快速拉升行情。至 7 月 27 日，13 個交易日時間拉出 10 個漲停板，漲幅驚人。7 月 27 日的漲停板為拉高出貨型漲停板（當然，前期 7 月 19 日、21 日和 25 日的漲停板，都可以認定為拉高出貨型漲停板），當日成交量較前一交易日明顯放大，股價遠離 30 日均線，下跌行情即將展開。

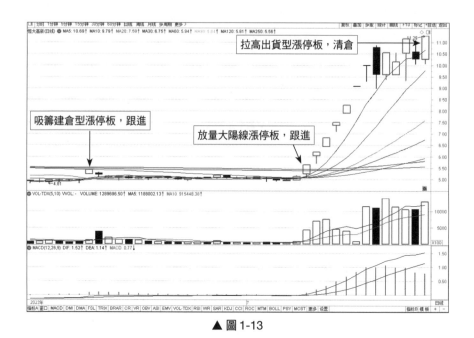

▲ 圖 1-13

　　圖 1-14 是 002591 恒大高新 2022 年 7 月 27 日收盤時的分時走勢圖，可以看出早盤該股開平，股價回落。主力機構出了部分貨，

然後採取對敲的手法，配合場外資金快速向上推升股價。9:48 用兩筆大買單封漲停板，隨後利用漲停價位撤換單、反覆打開、封回等操盤手法展開出貨。

　　當日漲停板打開封回、再打開再封回，反覆多次。打開時間長，主力機構出貨量大，雖然當日仍以漲停報收，但盤面弱市特徵已經非常明顯。投資人當日手中如果還有籌碼沒有出完，次日一定要逢高清倉。

　　拉高出貨型漲停板，除了經常出現在個股走勢的高位或相對高位，還會出現在下跌反彈的過程中。由於主力機構持有的籌碼數量大，致使其出貨難度也大，如遇大勢不好或操盤失誤等情況，可

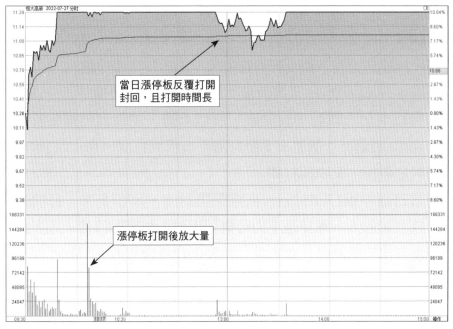

▲ 圖 1-14

能導致大量籌碼在高位無法出貨。主力機構大多會經由下跌反彈過程中拉漲停板的方式，營造強勢反彈氛圍，悄悄出貨。對於這種下跌反彈過程中的漲停板，除非市場高手，一般投資人最好別碰。

圖 1-15 是 603029 天鵝股份 2022 年 3 月 4 日收盤時的 K 線走勢圖，該股主力機構從 2022 年 2 月 14 日拉出一個大陽線漲停板開始，正式啟動快速拉升行情。至 2 月 23 日，8 個交易日的時間，拉出 7 個漲停板（其實從分時走勢和成交量看，主力機構 2 月 18 日、21 日和 23 日拉出的漲停板，都是拉高出貨型漲停板），漲幅相當大。2 月 24 日、25 日主力機構以跌停的方式開盤，盤中拉高出貨，2 月 28 繼續大幅開低，跌停收盤。

股價從 3 月 1 日起展開小幅反彈，3 月 4 日主力機構拉出一個大陽線漲停板，雖然當日成交量較前一交易日放大近 2 倍，且中長期均線呈多頭排列。但從該股前期漲幅和 K 線走勢來看，當日的漲停板，只能認定為下跌反彈過程中的拉高出貨型漲停板。

圖 1-16 是 603029 天鵝股份 2022 年 3 月 4 日收盤時的分時走勢圖。可以看出，該股早盤開高、股價上衝，然後展開橫盤震盪盤整。10:12 股價分 2 個波次上衝封漲停板瞬間打開，10:13 股價再次上衝封漲停板，又瞬間打開。

當日漲停板打開封回、再打開再封回，反覆多次。打開時間長，成交量放大，應該是主力機構利用盤中拉高和漲停，逐步賣出前期沒有出完的籌碼。雖然當日該股仍以漲停報收，但盤面弱市特徵明顯。投資人如果在前期逢反彈跟進買入籌碼，一定要在當日或次日逢高清倉。

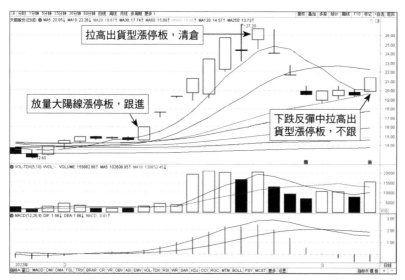

拉高出貨型漲停板，清倉

放量大陽線漲停板，跟進

下跌反彈中拉高出貨型漲停板，不跟

▲ 圖 1-15

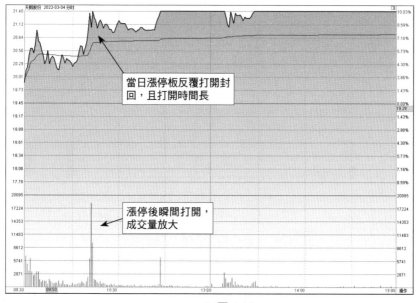

當日漲停板反覆打開封回，且打開時間長

漲停後瞬間打開，成交量放大

▲ 圖 1-16

了解3大類型漲停板

- 依據漲停後的K線均線型態、成交量、漲停時間等因素,可以對漲停板做各種分類。本書依據漲停板出現在個股走勢中的不同位置,來進行分類。
- 漲停板出現在個股走勢中的不同位置或不同階段,展現出主力機構的不同操盤目的和意圖,其漲停性質截然不同。
- 一般情況下,漲停板分為3大類型:吸籌建倉型漲停板、洗盤補倉型漲停板和拉高出貨型漲停板。

【實戰範例】

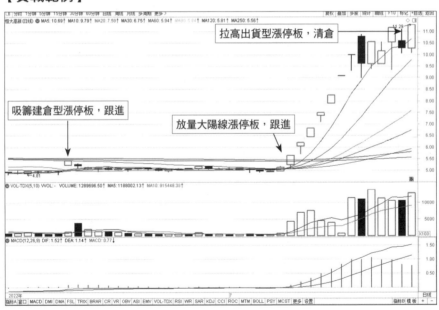

第 2 章

讓分時圖告訴你，
短線、當沖該怎麼做？

漲停分時型態是個股分時型態中最強勢的分時盤面型態。

其中，第一種是以集合競價形成的漲停價為開盤價的一字漲停板為最強勢；第二種是以開盤後主力機構一個波次或 2 個波次快速封上漲停板的為強勢；第三種是以開盤後三個波次或多個波次接力封上漲停板的為較強勢。

當然，我們判斷一檔股票強不強勢，不能只看分時盤面是否強勢這一個特徵，還要結合 K 線、均線、成交量等其他技術指標來綜合分析。

2-1

開盤即漲停該賣嗎？
遵守紀律等等再賣

　　開盤即漲停，是指集合競價時股價就已經封在漲停板上了。原因是多方面的，有重大利多消息的刺激、有特殊資金的關注炒作等。但我們仔細分析，大多數個股在一字（T字）漲停板前，基本上上已經拉出過多個漲停板，且股價已經走出底部處於上升趨勢，說明此時主力機構已經高度控盤。

　　直白地說，大多數一字漲停板，都是主力機構謀劃運作的結果。投資人如果想要追上一字（T字）漲停板，就要認真分析次日個股強勢漲停的可靠性，充分利用「價格優先，時間優先」的交易規則，在次日以漲停價掛單排隊等候買進。

2-1-1　遇到這類漲停板，成交量放大時出場

　　主力機構在集合競價時就封板的一字漲停板，是最強勢的漲停盤面，主要是受重大利多消息刺激等影響。個股在 9：25 集合競價時，股價就封死在漲停板上，此後的交易日中，主力機構常常借

勢連續拉出一字漲停板。

這種一字漲停板個股，如果潛伏其中的「先知先覺」型主力機構前期籌碼收集比較到位，且已經拉出過吸籌建倉型漲停板，在大盤看好的情況下，後市連續拉出一字漲停板的可能性就很大。在前幾個交易日，投資人若想進場買入籌碼，以漲停價掛買單排隊等候，或許有買入的希望。

實戰操盤中在一字漲停板的選擇上，投資人最好選擇前期股價漲幅不大、有利多刺激、一字漲停其間有跟進機會，或者 1 至 3 個一字漲停板之後有跟進機會的個股，快速研判後確定是否進場。

但要注意的是，對於股價處於高位或相對高位的一字漲停板，即使有重大利多消息公佈且大盤看好，也要謹慎操作。如已跟進一定要注意盯盤，發現漲停板被打開、成交量大幅放大，最好在當日收盤前或次日早盤逢高出局，以防被套。

圖 2-1 是 002909 集泰股份 2022 年 6 月 14 日收盤時的分時走勢圖。該股當日漲停開盤，至收盤漲停板沒被打開，收出一個一字漲停板，股價的強勢特徵十分明顯，漲停原因為「有機矽＋光伏概念＋比亞迪」概念炒作。雖然當天成交量較前一交易日大幅萎縮（一字漲停的原因），但換手率也達到 2.39%。如果投資人在早盤集合競價時，就以漲停價掛買單排隊等候，還是有機會買進，因為剛開盤時的成交量還是很大的，形成小堆量。

圖 2-2 是 002909 集泰股份 2022 年 6 月 14 日的分時圖。從分時圖右邊的成交明細可以看到，成百上千張的成交量很多，投資人只要是在集合競價一開始，就直接以漲停價掛買單排隊，買進的機會還是很大的。一直到下午收盤前，成百上千張的賣單成交了不少。

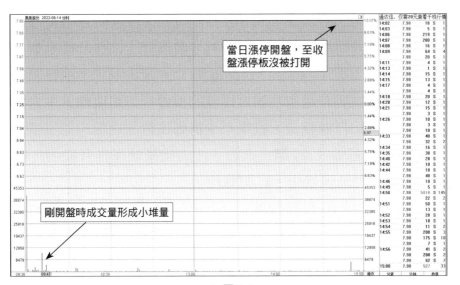

當日漲停開盤，至收
盤漲停板沒被打開

剛開盤時成交量形成小堆量

▲ 圖2-1

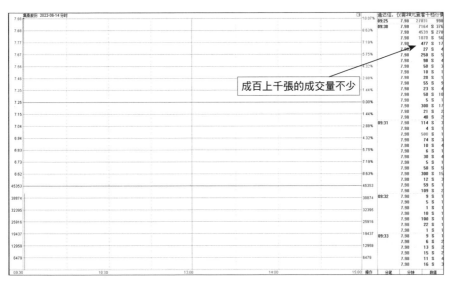

成百上千張的成交量不少

▲ 圖2-2

　　圖 2-3 是 002909 集泰股份 2022 年 6 月 14 日收盤時的 K 線走勢圖，可以看出此時該股處於上升趨勢。股價從上市後的最高價一路震盪下跌，至 2022 年 4 月 27 日最低價 5.26 元止跌，下跌時間長、跌幅大，下跌其間有過多次較大幅度的反彈。下跌後期，主力機構經由小幅反彈和打壓股價，收集不少籌碼建倉。

　　2022 年 4 月 27 日股價止跌後，主力機構緩慢推升股價，收集籌碼，K 線走勢紅多綠少、紅肥綠瘦。

　　2022 年 6 月 10 日該股開低，收出一個大陽線漲停板，突破前高，成交量較前一交易日放大 4 倍多，形成大陽線漲停 K 線型態。當日股價向上突破 5 日、10 日、20 日、30 日、60 日和 90 日均線（一陽穿 6 線），120 日和 250 日均線在股價上方下行，均線

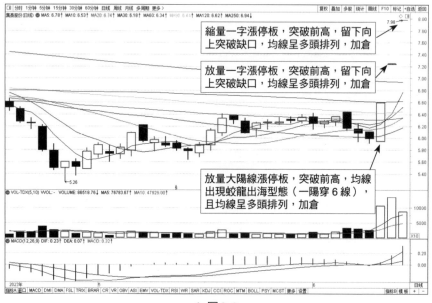

▲ 圖 2-3

呈蛟龍出海型態。此時短期均線呈多頭排列，MACD、KDJ 等技術指標開始走強，股價的強勢特徵已經顯現，後市快速上漲的機率大，投資人可當日或次日進場加碼。

　　6 月 13 日該股大幅開高（向上跳空 9.86%），收出一個一字漲停板，突破前高，留下向上突破缺口，成交量較前一交易日放大，形成向上突破缺口和一字漲停 K 線型態，股價的強勢特徵已經非常明顯。投資人可以當日搶板，或次日早盤集合競價時以漲停價掛買單排隊等候買進。

　　6 月 14 日該股漲停開盤，再次收出一個一字漲停板，突破前高，留下向上突破缺口，成交量較前一交易日萎縮，形成向上突破缺口和一字漲停 K 線型態。此時均線呈多頭排列（除 250 日均線外），MACD、KDJ 等技術指標強勢，股價的強勢特徵已經非常明顯，加上利多消息的刺激，後市持續快速上漲的機率大。投資人可以在當日搶板，或次日集合競價時，繼續以漲停價掛買單排隊等候加倉買進。

　　圖 2-4 是 002909 集泰股份 2022 年 6 月 29 日收盤時的分時走勢圖。從分時走勢來看，當日該股漲停開盤，股價瞬間回落，展開高位震盪，震盪過程中於 9：35 再次觸及漲停。此後股價衝高震盪回落，跌破前一交易日收盤價下跌幅度較深，然後急速拐頭震盪上行，展開高位大幅震盪盤整至收盤。收盤漲幅 5.47%，明顯是主力機構利用漲停開盤，高位大幅震盪的操盤手法，引誘跟風盤進場而展開出貨，整個分時盤面弱勢特徵明顯。投資人當天如果還有籌碼沒出完，次日應逢高賣出。

　　圖 2-5 是 002909 集泰股份 2022 年 6 月 29 日收盤時的 K 線走勢

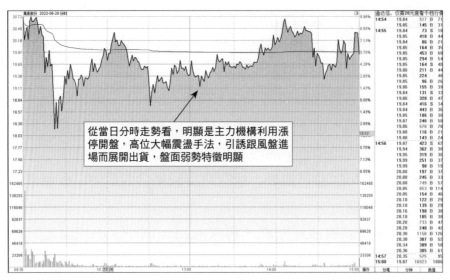

▲ 圖2-4

圖，可以看出，6月14日該股漲停開盤收出一個縮量一字漲停板，突破前高，留下向上突破缺口，形成向上突破缺口和一字漲停K線型態。均線呈多頭排列，股價的強勢特徵相當明顯，此後主力機構展開快速拉升行情。

　　從拉升情況來看，6月14日起主力機構依托5日均線，採取直線拉升、盤中洗盤、迅速拉高的操盤手法，急速向上拉升股價。至6月28日，11個交易日共拉出10根陽線，均為漲停板。其中4個一字板、2個T字板、1個小陽線漲停板、2個大陽線漲停板，1個長下影線陽線漲停板，漲幅巨大。

　　6月29日該股漲停開盤，收出一根假陰真陽錘頭K線（高位或相對高位的錘頭線，又稱上吊線或吊頸線），成交量較前一交易日放大近3倍。顯露出主力機構利用開高、盤中大幅震盪的手法，

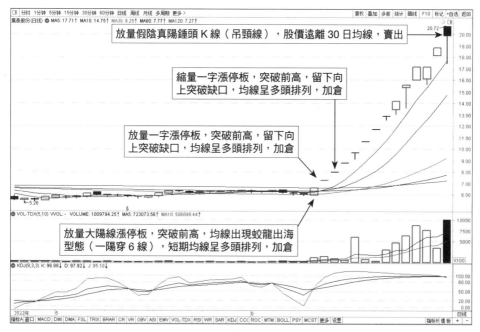

放量假陰真陽錘頭 K 線（吊頸線），股價遠離 30 日均線，賣出

縮量一字漲停板，突破前高，留下向上突破缺口，均線呈多頭排列，加倉

放量一字漲停板，突破前高，留下向上突破缺口，均線呈多頭排列，加倉

放量大陽線漲停板，突破前高，均線出現蛟龍出海型態（一陽穿 6 線），短期均線呈多頭排列，加倉

▲ 圖 2-5

引誘跟風盤進場而展開大量出貨的跡象。此時股價遠離 30 日均線且漲幅大，KDJ 等部分技術指標已經走弱。投資人當天如果還有籌碼沒出完，次日應逢高賣出。

圖 2-6 是 000965 天保基建 2022 年 3 月 17 日收盤時的分時走勢圖。該股當日漲停開盤，至收盤漲停板沒被打開，收出一字漲停板，股價的強勢特徵十分明顯。

雖然當天成交量較前一交易日大幅萎縮（一字漲停的原因），換手率只有 0.93%，但早盤開盤時的成交量還是比較大的（尾盤也有一筆較大的賣盤成交）。如果投資人以漲停價掛買單排隊等候，應該有機會成交。

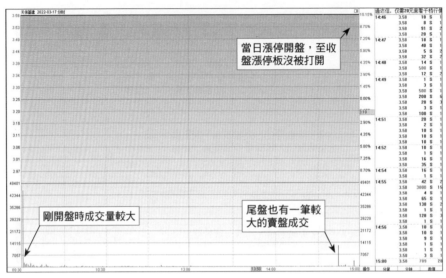

▲ 圖 2-6

圖 2-7 是 000965 天保基建 2022 年 3 月 17 日的分時圖。從分時圖右邊的成交明細可以看到，成百上千張的成交量很多，投資人只要在集合競價一開始，就直接以漲停價掛買單排隊等候，仍然有成交機會。一直到下午收盤成百上千張的賣單，還是成交了不少（其中 14:44 有一筆 11872 張的大賣單成交）。

圖 2-8 是 000965 天保基建 2022 年 3 月 17 日收盤時的 K 線走勢圖，可以看出此時該股處於上升趨勢。2021 年 7 月 30 日股價止跌後，主力機構展開大幅震盪盤升行情，高賣低買與洗盤吸籌並舉，其間收出過 4 個漲停板，均為吸籌建倉型漲停板，震盪盤升其間成交量呈間斷性放大狀態。

2022 年 3 月 11 日該股開低，收出一個大陽線漲停板，突破前高，成交量較前一交易日放大近 2 倍，形成大陽線漲停 K 線型態。

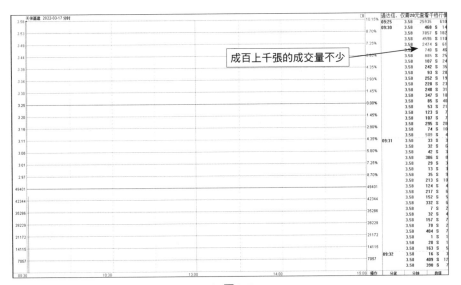

成百上千張的成交量不少

▲ 圖 2-7

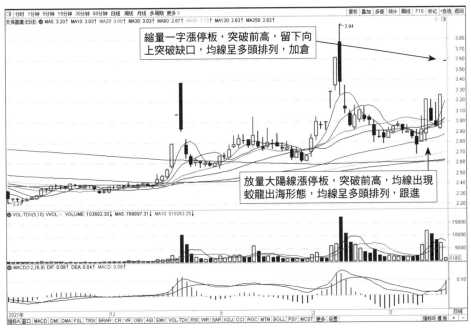

縮量一字漲停板，突破前高，留下向上突破缺口，均線呈多頭排列，加倉

放量大陽線漲停板，突破前高，均線出現蛟龍出海形態，均線呈多頭排列，跟進

▲ 圖 2-8

當日股價向上突破5日、10日、20日和30日均線（一陽穿4線），60日、90日和120日均線在股價下方上行，均線出現蛟龍出海型態。

此時均線呈多頭排列，MACD、KDJ等技術指標走強，股價的強勢特徵已經顯現，後市上漲的機率大，投資人可在當日或次日進場買入籌碼。3月14日、15日主力機構連續整理2個交易日，正是投資人進場的好時機。

3月16日該股開低，收出一個大陽線漲停板，突破前高，成交量較前一交易日萎縮，形成大陽線漲停K線型態，股價的強勢特徵已經非常明顯。投資人可以當日搶板，或次日以漲停價掛買單排隊等候買進。

3月17日該股漲停開盤，收出一個一字漲停板，突破前高，留下向上突破缺口，成交量較前一交易日大幅萎縮，形成向上突破缺口和一字漲停K線型態。此時均線呈多頭排列，MACD、KDJ等技術指標強勢，股價的強勢特徵已經非常明顯。加上利多消息刺激，後市持續快速上漲的機率大，投資人可以當日搶板或次日擇機進場加碼。

圖2-9是000965天保基建2022年4月1日收盤時的分時走勢圖。從分時走勢來看，當日該股開高後股價衝高回落，跌破前一交易日收盤價下行幅度較深，然後急速拐頭震盪上行，股價回到前一交易日上方，展開大幅度震盪走勢。整個交易日中，股價在前一交易日收盤價下方執行時間較長，尾盤主力機構有所拉升，收盤漲幅4.68%。

從盤面分時走勢來看，明顯是主力機構利用開高、盤中大幅震

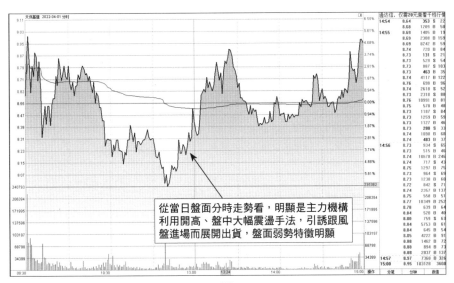

從當日盤面分時走勢看，明顯是主力機構利用開高、盤中大幅震盪手法，引誘跟風盤進場而展開出貨，盤面弱勢特徵明顯

▲ 圖2-9

盪的操盤手法，引誘跟風盤進場而展開出貨，整個分時盤面弱勢特徵較為明顯。投資人當天如果還有籌碼沒出完，次日應逢高賣出。

圖2-10是000965天保基建2022年4月1日收盤時的K走勢圖。可以看出，3月17日該股漲停開盤，收出一個縮量一字漲停板，突破前高，留下向上突破缺口，形成向上突破缺口和一字漲停K線型態。均線呈多頭排列，股價的強勢特徵非常明顯，此後主力機構展開快速拉升行情。

從拉升情況來看，3月17日起主力機構依托5日均線，採取直線拉升、盤中洗盤、迅速拉高的操盤手法，急速向上拉升股價。至3月31日連續拉出11根陽線（一根為假陰真陽K線），其中10個漲停板（1個一字漲停板、3個T字漲停板、2個小陽線漲停板、3個大陽線漲停板，1個長下影線陽線漲停板），漲幅巨大。

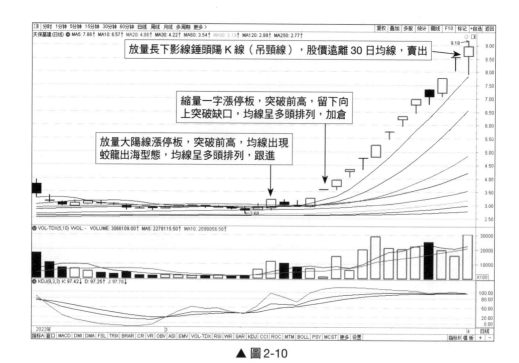

▲ 圖 2-10

4月1日該股開高，收出一根長下影線錘頭陽 K 線，成交量較前一交易日放大近兩倍，顯露出主力機構利用開高、盤中大幅震盪的操盤手法，引誘跟風盤進場而展開大量出貨的跡象。此時股價遠離 30 日均線且漲幅大，KDJ 等部分技術指標已經走弱。投資人當天如果還有籌碼沒出完，次日應逢高賣出。

2-1-2　遇到這類漲停板，不輕易搶板買進

　　漲停分時被打開的線上小坑漲停板，指的是以漲停價開盤，在交易日內漲停板被打開後封回，分時價格線上留下小坑，以漲停價報收的漲停分時型態。這種分時價格線上留下小坑的漲停分時型態，在當日 K 線走勢上形成 T 字漲停 K 線型態。

　　實戰操盤中，在漲停分時被打開的線上小坑漲停板（即 T 字板）的選擇上，投資人最好選擇那些前期股價漲幅不大、有利多刺激、在 1 至 3 個漲停板（陽線漲停板或一字漲停板均可）之後漲停板被打開、跌幅不深、開漲停板（以下簡稱開板）時間在 5 分鐘左右的目標股票，快速研判是否進場。

　　這種分時漲停被打開的漲停板，一般是主力機構強勢震倉洗盤補倉，安全性較高。要注意的是，對於股價處於高位或相對高位、打開後跌幅較深、時間超過 5 分鐘、交易日內被打開多次再封回的個股，即使有重大利多消息公佈且大盤看好，也一定要謹慎操作，不能輕易搶板買進。這種分時漲停被打開的漲停板，很有可能是主力機構漲停誘多出貨型漲停板。

　　圖 2-11 是 603029 天鵝股份 2022 年 11 月 1 日收盤時的分時走勢圖，為主力機構在前一交易日，拉出一個大陽線漲停板之次日的分時圖，當日 K 線走勢收出一個放量 T 字漲停板。

　　從當日分時走勢來看，該股早盤漲停開盤，瞬間回落，成交量迅速放大。9:37 封回漲停板至收盤沒再打開，分時盤面留下一個坑，明顯是主力機構展開的強勢震倉洗盤行情。放任前期獲利盤和套牢盤出逃，清洗意志不堅定投資人，拉高市場平均成本，減輕後

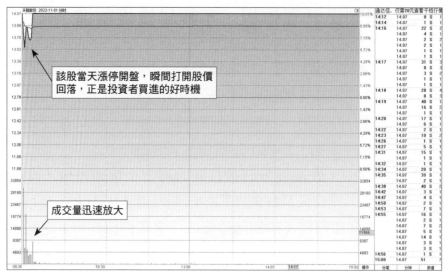

該股當天漲停開盤，瞬間打開股價回落，正是投資者買進的好時機

成交量迅速放大

▲ 圖2-11

期拉升壓力。

　　從盤面來看，由於封回漲停板時間較早且開板時間不是很長、跌幅不大，盤面的強勢特徵仍然十分明顯。在當天漲停板被打開的6分多鐘時間裡，以漲停價掛買單排隊等候，或開盤後迅速掛買單買進的投資人，都能成交。這也是前一交易日大陽線漲停板之後，來不及進場的投資人最好進場時機。

　　圖2-12是603029天鵝股份2022年11月1日開盤後至9:37的分時圖。從分時圖左下邊的成交量柱來看，漲停開盤瞬間回落後，成交量還是挺大的。投資人當日若想進場買進籌碼，股價在回落過程中快速勾頭向上時，是最佳的下單買入時機。

　　此後成交量逐漸萎縮，9:33之後就沒有上千張的大單成交了，說明主力機構已經高度控盤。開盤後沒有買入籌碼的投資人，應該

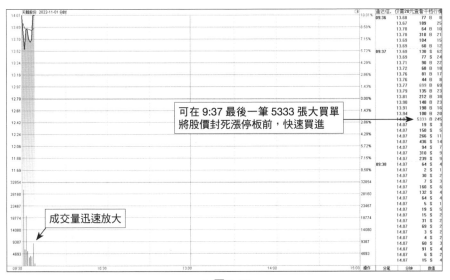

▲ 圖 2-12

快速下單買進，或在 9:37 即最後一筆 5333 張的大買單將股價封死
漲停板前，快速下單買入。

圖 2-13 是 603029 天鵝股份 2022 年 11 月 1 日收盤時的 K 線
走勢圖，可以看出此時該股處於上升趨勢。股價從前期相對高位
（前期有過一波上漲）一路震盪下跌，至 2022 年 10 月 11 日最低價
10.36 元止跌，下跌時間雖然不是很長但跌幅大。

2022 年 10 月 11 日股價止跌後，主力機構快速推升股價，K 線
走勢呈上升趨勢，其間收出過 1 個大陽線漲停板，為吸籌建倉型漲
停板。

10 月 31 日該股開高，收出一個大陽線漲停板，突破前高和平
台，成交量較前一交易日略為萎縮（漲停的原因），形成大陽線漲
停 K 線型態。當日股價向上突破 60 日、90 日和 120 日均線（一陽

穿3線），5日、10日、20日、30日均線在股價下方向上移動，250日均線在股價上方向上移動，均線蛟龍出海型態形成。

此時均線呈多頭排列（除120日均線外），MACD、KDJ等技術指標走強，股價的強勢特徵已經顯現，後市上漲的機率大。投資人可以在當日搶板，或在次日以漲停價掛買單排隊等候買進。

11月1日該股漲停開盤，收出一個T字漲停板。突破前高，留下向上跳空突破缺口，成交量較前一交易日放大2倍多，形成向上突破缺口和T字漲停K線型態。

此時均線呈多頭排列，MACD、KDJ等技術指標持續強勢，股價的強勢特徵已經十分明顯，後市持續快速上漲的機率非常大。

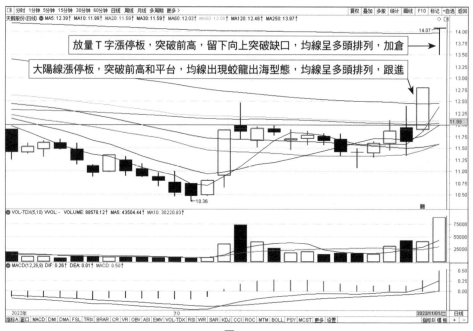

▲ 圖2-13

投資人如果當日沒能進場買入籌碼，可以在次日集合競價時，以漲停價掛買單排隊等候加倉買進，持股待漲，待股價出現明顯見頂訊號時再賣出。

　　圖 2-14 是 603029 天鵝股份 2022 年 11 月 11 日收盤時的分時走勢圖。從當天的分時走勢看，該股早盤漲停開盤，股價瞬間回落，成交量迅速放大。9:32 封回漲停板又瞬間被打開，9:34 封回漲停板再次瞬間被打開，股價回落至 29.11 元左右（漲幅 6.5% 左右）展開震盪整理，成交量持續放大，9:50 封回漲停板。下午漲停板又被打開 2 次，股價回檔幅度較深，合計開板時間較長。14:38 封回漲停板，至收盤沒再打開，分時盤面留下 5 個大小不一的坑。

　　從盤面來看，當日漲停板被打開的次數較多、時間較長，成交量放大，明顯是主力機構採取漲停開盤、漲停板反覆打開封回的

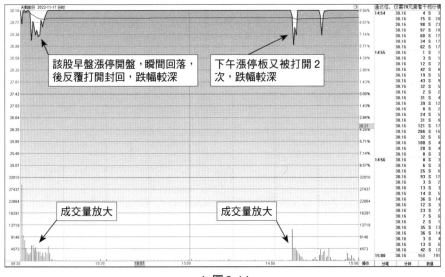

▲ 圖 2-14

操盤手法。主力機構引誘跟風盤進場而大量出貨，是一個漲停誘多出貨型漲停板，分時盤面弱勢特徵比較明顯。投資人當天如果還有籌碼沒出完，次日應逢高賣出。

圖2-15是603029天鵝股份2022年11月11日收盤時的K線走勢圖。從該股的K線走勢可以看出，11月1日該股漲停開盤，收出一個放量T字漲停板。突破前高，留下向上突破缺口，形成向上突破缺口和T字漲停K線型態，均線呈多頭排列，股價的強勢特徵非常明顯，此後主力機構展開快速拉升行情。

從拉升情況來看，從11月1日起主力機構依托5日均線，採取直線拉升、盤中洗盤、迅速拉高的操盤手法，急速向上拉升股價。

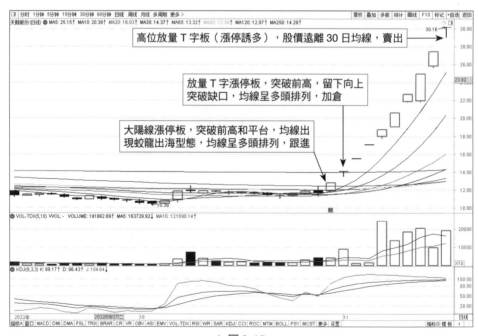

▲圖2-15

至 11 月 11 日，9 個交易日共拉出 9 根陽線，均為漲停板。其中 2 個一字漲停板、2 個 T 字漲停板、2 個小陽線漲停板、3 個大陽線漲停板，漲幅巨大。

11 月 11 日該股漲停開盤，收出一個高位 T 字漲停板（高位 T 字板為漲停誘多出貨型漲停板），成交量較前一交易日放大近 2 倍，顯露出主力機構利用漲停開盤、漲停板反覆打開封回的操盤手法，引誘跟風盤進場而展開大量出貨的跡象。此時股價遠離 30 日均線且漲幅大，KDJ 等部分技術指標已經走弱。投資人當天如果還有籌碼沒出完，次日應逢高賣出。

圖 2-16 是 000722 湖南發展 2022 年 4 月 26 日收盤時的分時走勢圖，為主力機構在前 2 個交易日連續收出 2 個大陽線漲停板之第 3 日的分時圖。當日 K 線走勢收出一個縮量 T 字漲停板，漲停原因

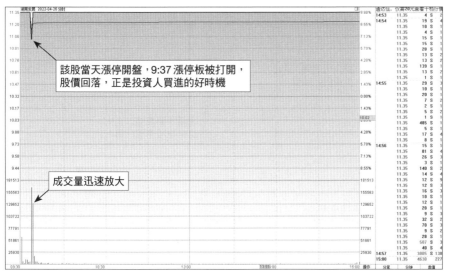

▲ 圖 2-16

為「綠色電力＋養老＋光伏」概念炒作。

從當日分時走勢來看，該股早盤漲停開盤，9:37 漲停板被大賣單打開，股價瞬間回落，成交量迅速放大，9:38 封回漲停板至收盤沒再打開，分時盤面留下一個坑。明顯是主力機構展開的強勢震倉洗盤行情，放任前期獲利盤和套牢盤出逃，清洗意志不堅定投資人，拉高市場平均成本，減輕後期拉升壓力。

從盤面來看，由於封回漲停板時間較早，且開板時間不長、跌幅不深，盤面的強勢特徵仍十分明顯。在當天漲停板被打開的 1分多鐘時間裡，開盤後迅速掛買單進場的投資人，應該都能成交。

圖 2-17 是 000722 湖南發展 2022 年 4 月 26 日的分時圖。從分時走勢來看，當日該股早盤漲停開盤後，成交量快速放大，應該是前期獲利盤賣出。當日以漲停價掛買單排隊等候買進的投資人，應

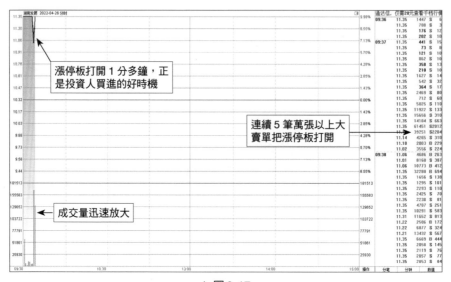

▲ 圖 2-17

該都能成交。

從分時盤面來看，10:37 有 5 筆萬張以上大賣單，把漲停板打開，此後成交量持續放大，9:38 主力機構封回漲停板。從開盤後的成交量來看，投資人當日若想進場買進，只要開盤後下單或漲停板打開後快速下單，應該都能成交。

圖 2-18 是 000722 湖南發展 2022 年 4 月 26 日收盤時的 K 線走勢圖，可以看出此時該股處於上升趨勢。股價從前期相對高位一路震盪下跌，下跌時間長、跌幅大。

2018 年 10 月 19 日股價止跌後，主力機構快速推升股價，收集籌碼，隨後展開大幅震盪盤升行情，高賣低買與洗盤吸籌並舉，震

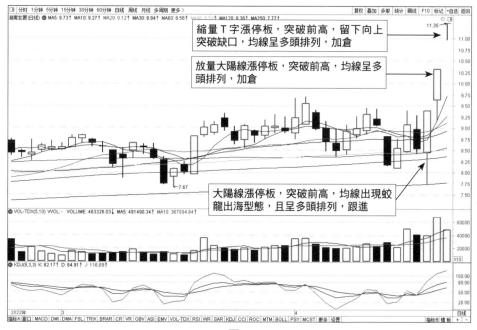

▲ 圖 2-18

盪盤升其間成交量呈間斷性放大狀態。

2022年4月22日（大幅震盪盤升3年4個月後）該股開低，收出一個大陽線漲停板，突破前高，成交量較前一交易日萎縮，形成大陽線漲停K線型態。當日股價向上突破5日、10日、20日、30日、60日和90日均線（一陽穿6線），120日和250日均線在股價下方上行，均線呈蛟龍出海型態。此時均線呈多頭排列，MACD、KDJ等技術指標開始走強，股價的強勢特徵已經顯現，後市上漲的機率大，投資人可當日搶板或次日進場擇機買進。

4月25日該股開高，收出一個大陽線漲停板，突破前高，成交量較前一交易日大幅放大，形成大陽線漲停K線型態，股價的強勢特徵已經非常明顯。投資人可以當日搶板，或次日以漲停價掛買單排隊等候買進。

4月26日由於「綠色電力＋養老＋光伏」概念利多的助推，該股漲停開盤，收出一個T字漲停板，突破前高，留下向上跳空突破缺口，成交量較前一交易日萎縮，形成向上突破缺口和T字漲停K線型態。此時均線呈多頭排列，MACD、KDJ等技術指標持續強勢，股價的強勢特徵已經十分明顯，後市持續快速上漲的機率非常大。投資人可以當日搶板，或次日以漲停價掛買單排隊等候加倉買進，持股待漲，待股價出現明顯見頂訊號時再賣出。

圖2-19是000722湖南發展2022年5月11日收盤時的分時走勢圖。從分時走勢來看，當日該股大幅開高（向上跳空8.59%開盤），股價略回落展開高位震盪行情，10:58封上漲停板，11:11漲停板被大賣單打開，13:06封回漲停板。下午漲停板反覆被打開、封回，尾盤主力機構拉回至漲停板收盤。

從盤面分時走勢來看，當日合計封板時間不足 30 分鐘，股價在高位震盪的時間長（上午震盪幅度大、跌幅深），明顯是主力機構利用大幅開高、高位大幅震盪、反覆漲停打開、尾盤拉回至漲停板的操盤手法，引誘跟風盤進場而展開大量出貨。分時盤面弱勢特徵明顯，投資人當天如果還有籌碼沒出完，次日應逢高賣出。

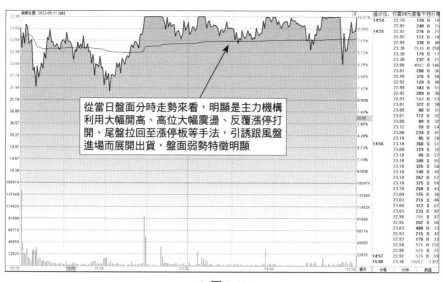

▲ 圖 2-19

圖 2-20 是 000722 湖南發展 2022 年 5 月 11 日收盤時的 K 線走勢圖，可以看出 4 月 26 日該股漲停開盤，收出一個縮量 T 字漲停板，突破前高，留下向上突破缺口，形成 T 字漲停 K 線型態。均線呈多頭排列，股價的強勢特徵非常明顯，此後主力機構展開快速拉升行情。

從拉升情況來看，從 4 月 26 日起主力機構依托 5 日均線，採取

直線拉升、盤中洗盤、迅速拉高的操盤手法，急速向上拉升股價。至5月11日，共9個交易日拉出9根陽線、8個漲停板。其中4個T字漲停板、1個小陽線漲停板、2個大陽線漲停板，1個長下影線錘頭陽K線漲停板，漲幅巨大。

　　5月11日該股大幅開高，收出一個錘頭陽K線漲停板，成交量較前一交易日大幅放大，明顯是一個漲停誘多出貨型漲停板。此時股價遠離30日均線且漲幅大，KDJ等部分技術指標開始走弱，盤面的弱勢特徵已經顯現。投資人當天如果還有籌碼沒出完，次日應逢高賣出。

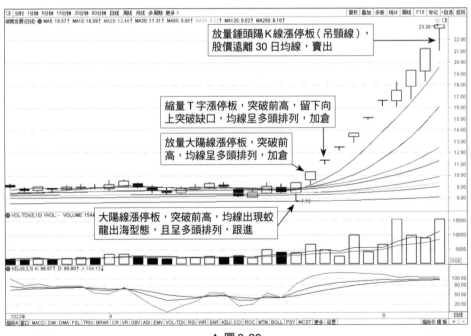

▲ 圖2-20

重點整理

掌握開盤即漲停的交易規則

- 大多數個股在一字漲停板前,基本上已經拉出過多個漲停板,且股價已經走出底部處於上升趨勢,說明此時主力機構已經高度控盤。

- 投資人如果想要追上一字漲停板,,就要認真分析次日個股強勢漲停的可靠性,充分利用「價格優先,時間優先」的交易規則。

【實戰範例】

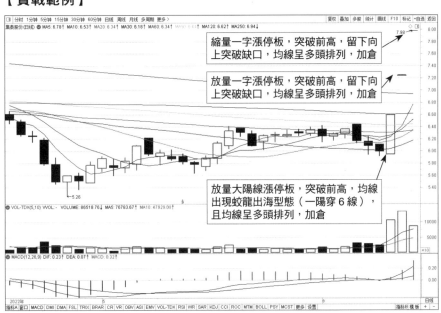

2-2

 開高快速鎖死別盲目追，
訊號對了再出手

開高快速封板的漲停板，是指個股早盤跳空開高，然後主力機構急速拉升股價，瞬間封板的漲停板。這種漲停板一般有重大利多驅動，或是熱門熱點板塊強勢股，開高後基本上是一個波次或2個波次或快速上衝減壓後封上漲停板。

投資人可以在當日股價開高後或即將漲停時快速跟進，也可以認真分析次日個股漲停的可能性後，利用「價格優先，時間優先」的交易規則，在次日以漲停價掛買單排隊等候買進。

2-2-1 開高一波快速封上漲停板

開高一波快速封上漲停板，是指個股高於前一交易日收盤價開盤，在迅速放大的成交量配合下，股價一個波次快速封上漲停板。這種漲停板之前一般已經收出過大陽線漲停板，受利多衝擊當日一個波次快速封上漲停板。

圖2-21是002761浙江建投2022年2月8日收盤時的分時走勢

圖。該股當日大幅開高（向上跳空 4.53% 開盤）後，股價一個波次急速封上漲停板，成交量迅速放大，漲停原因為「工程施工+裝配式建築」概念炒作。受利多衝擊，該股當日開盤後股價急速上衝，一個波次直接衝至漲停，至收盤漲停沒打開，強勢特徵明顯。

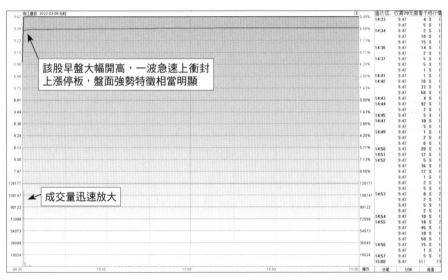

▲ 圖 2-21

　　圖 2-22 是 002761 浙江建投 2022 年 2 月 8 日的分時圖。從分時圖來看，早盤大幅開高後，分時價格線快速上衝封上漲停板，成交量同步放大。從盤面右邊的成交明細也可以看出，9:30 開盤後成交量迅速放大，3 筆千（萬）張以上買盤將股價從 9.10 元拉升至漲停價 9.47 元，隨後連續 8 筆 2 千張以上大賣單，將漲停板打開。

　　股價從 9.47 元跌至 9.37 元，但漲停板很快被封回。從開高後的成交情況來看，投資人只要在當日直接以漲停價掛買單排隊等

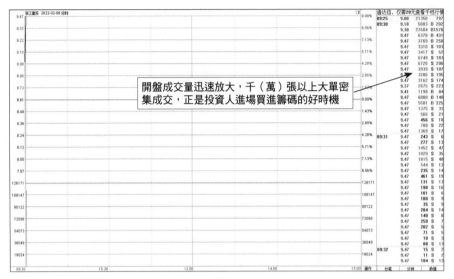

開盤成交量迅速放大，千（萬）張以上大單密集成交，正是投資人進場買進籌碼的好時機

▲ 圖 2-22

候，或開盤後馬上下單買進的，應該都有希望成交。即使當日沒能買進也沒關係，投資人可以在次日繼續以漲停價掛買單排隊等候買進，或在之後的交易日裡，視情況逢低買入籌碼。

　　圖 2-23 是 002761 浙江建投 2022 年 2 月 8 日收盤時的 K 線走勢圖，可以看出此時該股處於上升趨勢。股價從前期相對高位一路震盪下跌，至 2021 年 11 月 3 日的最低價 7.10 元止跌，下跌時間長、跌幅大。隨後，主力機構展開震盪盤升（挖坑）洗盤吸籌行情，K 線走勢紅多綠少、紅肥綠瘦。

　　2022 年 2 月 7 日該股開高，收出一個大陽線漲停板，突破前高，成交量較前一交易日放大近 2 倍，形成大陽線漲停 K 線型態。當日股價向上突破 5 日、10 日和 20 日均線（一陽穿 3 線），30 日、60 日、90 日、120 日和 250 日均線在股價下方向上移動，均線

出現蛟龍出海型態。

　　當日 5 日均線向上穿過 10 日均線形成黃金交叉，均線呈多頭排列。此時 MACD、KDJ 等技術指標走強，股價的強勢特徵相當明顯，後市快速上漲的機率大。投資人可以當日搶板，或次日以漲停價掛買單排隊等候買進。

　　2 月 8 日由於「工程施工＋裝配式建築」概念利多的助推，該股大幅開高，收出一個大陽線漲停板，突破前高，留下向上突破缺口，成交量較前一交易日明顯放大，形成向上突破缺口和大陽線漲停 K 線型態。

　　此時均線呈多頭排列，MACD、KDJ 等技術指標強勢，盤面

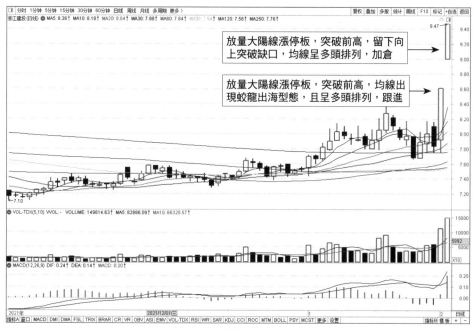

▲ 圖 2-23

的強勢特徵非常明顯，後市持續快速上漲的機率大。投資人可以當日搶板，或次日以漲停價掛買單排隊等候買進，持股待漲，待股價出現明顯見頂訊號時再賣出。

圖2-24是002761浙江建投2022年3月21日收盤時的分時走勢圖。從分時走勢來看，當日該股大幅開高（向上跳空5.04%開盤），股價衝高回落，跌破前一交易日收盤價下探幅度較深，然後急速拐頭上行，回到前一交易日上方展開震盪盤整行情。整個交易日中，股價基本上在前一交易日收盤價上方、圍繞分時均價線運行，至收盤漲幅4.28%。

從盤面分時走勢來看，明顯是主力機構利用大幅開高、盤中震盪盤整的手法，引誘跟風盤進場而展開出貨，整個分時盤面弱勢特徵明顯。投資人當天如果還有籌碼沒出完，次日應逢高賣出。

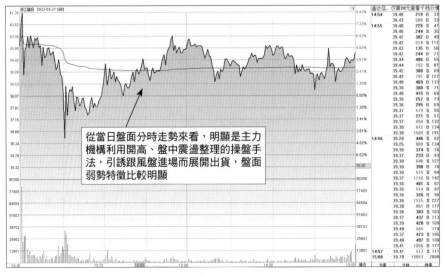

▲ 圖2-24

　　圖 2-25 是 002761 浙江建投 2022 年 3 月 21 日收盤時的 K 線走勢圖。從該股的 K 線走勢可以看出，2 月 8 日該股大幅開高，收出一個放量大陽線漲停板，突破前高，留下向上突破缺口，形成向上突破缺口和大陽線漲停 K 線型態。均線呈多頭排列，股價的強勢特徵非常明顯，此後主力機構展開快速拉升行情。

　　從拉升情況來看，從 2 月 8 日起主力機構依托 5 日均線，採取直線拉升、盤中洗盤、迅速拉高的操盤手法，急速向上拉升股價。3 月 1 日，主力機構展開大幅拉升之後的強勢洗盤整理，6 個交易日其間，股價跌（刺）破 10 日均線很快收回，5 日均線走平。3 月 9 日該股開低收出一根大陽線（漲幅 7.50%），股價突破且收在 5 日、10 日均線上方，洗盤整理結束。

　　此時均線呈多頭排列，MACD、KDJ 等技術指標走強，股價強勢特徵相當明顯，投資人可以在當日或次日進場加碼。此後主力機構再次快速向上拉升股價。從 K 線走勢來看，2 月 8 日至 3 月 18 日 24 個交易日一共拉出 21 根陽線，其中 15 個漲停板，漲幅巨大。

　　3 月 21 日該股大幅開高（向上跳空 5.04% 開盤），股價衝高回落，收出一根假陰真陽十字星（高位或相對高位十字星，又稱黃昏之星），成交量較前一交易日放大，明顯是主力機構利用大幅開高、盤中震盪盤整的操盤手法展開出貨。

　　此時股價遠離 30 日均線且漲幅大，KDJ 等部分技術指標開始走弱，盤面的弱勢特徵已經顯現。投資人當天如果還有籌碼沒出完，次日一定要逢高賣出。

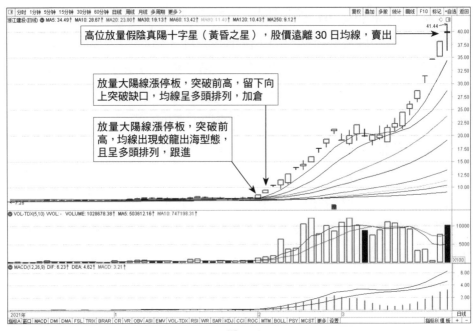

▲ 圖 2-25

2-2-2　開高兩波快速封上漲停板

　　開高兩波快速封上漲停板，是指個股高於前一交易日收盤價開盤，在迅速放大的成交量配合下，股價快速上衝回檔，然後急速勾頭再次上衝快速封上漲停板，成交量同步放大。這種漲停板之前一般已經收出過大陽線漲停板，或者經過較長時間的震盪整理（震盪盤升）洗盤，股價已處於上升趨勢，受利多衝擊，當日2個波次快速封上漲停板。

　　圖 2-26 是 002045 國光電器 2022 年 8 月 11 日收盤時的分時走勢圖。該股當日向上跳空 1.49% 開盤，然後分 2 個波次急速封上漲停

板，成交量同步放大。漲停原因為「消費電子＋鋰電池＋元宇宙」概念炒作。受利多衝擊，該股當日開高後分 2 個波次上衝封板，至收盤漲停板沒打開，盤面強勢特徵明顯。

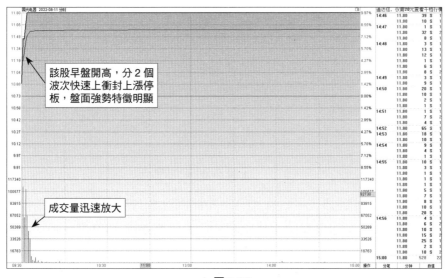

▲ 圖 2-26

　　圖 2-27 是 002045 國光電器 2022 年 8 月 11 日的分時圖。從分時圖來看，早盤開高後成交量迅速放大，分時價格線快速上衝於 9:31 略回檔後，再次上衝快速封上漲停板，成交量同步放大。從盤面右邊的成交明細也可以看出，9:35 一筆 11053 張的大買單將股價封死在漲停板上後，成交量呈逐漸萎縮狀態，但千張以上大賣單仍有不少成交。

　　投資人只要在當日開盤後快速下單買進，應該都能成交。當然，投資人也可以在股價第一波次上衝回檔（9:31）時，或在 9:35

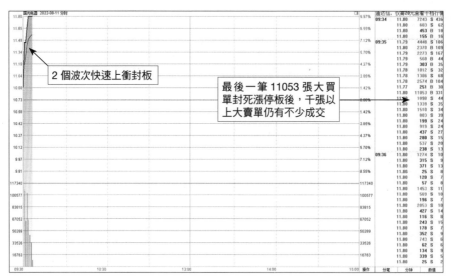

▲ 圖 2-27

最後一筆 11053 張的大買單即將封板前，快速下單買進。

　　圖 2-28 是 002045 國光電器 2022 年 8 月 11 日收盤時的 K 線走勢圖，可以看出此時該股處於上升趨勢。股價從前期相對高位一路震盪下跌，至 2022 年 4 月 27 日的最低價 6.60 元止跌，下跌時間雖然不長，但跌幅大。隨後，主力機構展開震盪盤升洗盤吸籌行情，K 線走勢紅多綠少、紅肥綠瘦，股價走勢呈上升趨勢。其間收出過 2 個大陽線漲停板，均為主力機構吸籌建倉型漲停板。

　　2022 年 8 月 10 日該股開高，收出一個大陽線漲停板，突破前高，成交量較前一交易日放大近 2 倍，形成大陽線漲停 K 線型態。此時均線呈多頭排列（除 120 日、250 日均線外），MACD、KDJ 等技術指標走強，股價的強勢特徵已經顯現，後市快速上漲的機率大。投資人可以當日搶板，或次日以漲停價掛買單排隊等候買進。

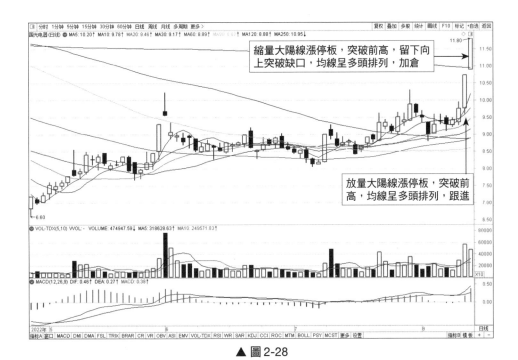

圖中標註文字：

縮量大陽線漲停板，突破前高，留下向上突破缺口，均線呈多頭排列，加倉

放量大陽線漲停板，突破前高，均線呈多頭排列，跟進

▲ 圖 2-28

　　8 月 11 日由於「消費電子＋鋰電池＋元宇宙」概念利多的助推，該股跳空開高，收出一個大陽線漲停板，突破前高，留下向上突破缺口。成交量較前一交易日萎縮（漲停的原因），形成向上突破缺口和大陽線漲停 K 線型態。

　　此時均線呈多頭排列（除 250 日均線外），MACD、KDJ 等技術指標強勢，盤面的強勢特徵非常明顯，次日繼續漲停且快速上漲的機率大。投資人可以當日搶板，或次日以漲停價掛買單排隊等候買進，持股待漲，待股價出現明顯見頂訊號時再賣出。

　　圖 2-29 是 002045 國光電器 2022 年 8 月 23 日收盤時的分時走勢圖。當日該股開高後股價衝高震盪回落，跌破前一交易日收盤價

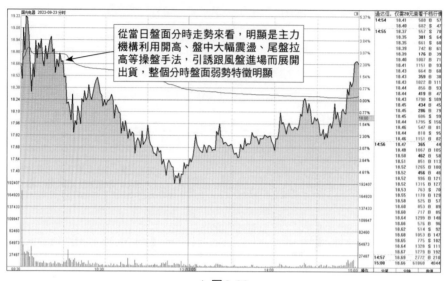

▲ 圖 2-29

拐頭震盪盤升,第2次跌破前一交易日收盤價後跌幅較深,然後拐頭慢慢震盪上行。尾盤主力機構有所拉高,收盤收回到前一交易日上方。整個交易日股價在前一交易日收盤價下方執行時間較長,收盤漲幅 2.30%。

從盤面分時走勢來看,明顯是主力機構利用開高、盤中大幅震盪、尾盤拉高等手法,引誘跟風盤進場而展開出貨,分時盤面弱勢特徵明顯。投資人當天如果還有籌碼沒出完,次日應逢高賣出。

圖 2-30 是 002045 國光電器 2022 年 8 月 23 日收盤時的 K 線走勢圖,可以看出 8 月 11 日該股開高,收出一個縮量大陽線漲停板,突破前高,留下向上突破缺口,形成大陽線漲停 K 線型態。均線呈多頭排列,股價的強勢特徵非常明顯,此後主力機構展開快速拉升行情。

　　從拉升情況來看，8 月 11 日起主力機構依托 5 日均線，採取直線拉升、盤中洗盤、迅速拉高的操盤手法，急速向上拉升股價，其間有 2 次各為 1 個交易日的強勢整理，主要目的是快速清理前期獲利盤。從 8 月 11 日至 8 月 22 日 8 個交易日，拉出 6 根陽線均為漲停板，其中 1 個 T 字漲停板、5 個大陽線漲停板，漲幅相當可觀。

　　8 月 23 日該股跳空開高（向上跳空 2.30% 開盤），股價衝高回落，收出一根十字星。成交量較前一交易日大幅放大，明顯是主力機構利用大幅開高、盤中大幅震盪、尾盤拉高的操盤手法，引誘跟風盤進場而展開出貨。此時股價遠離 30 日均線且漲幅大，KDJ 等部分技術指標開始走弱，盤面的弱勢特徵已經顯現。投資人當天如

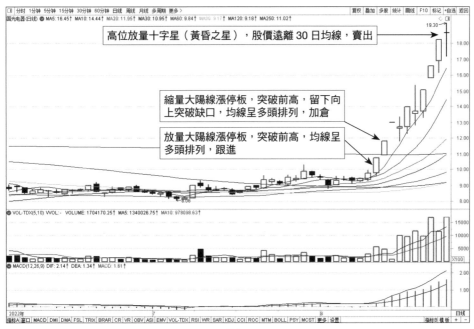

▲ 圖 2-30

果還有籌碼沒出完，次日一定要逢高賣出。

　　圖 2-31 是 002800 天順股份 2022 年 9 月 1 日收盤時的分時走勢圖。該股當日向上跳空 0.25% 開盤，然後分 2 個波次急速封上漲停板，成交量同步放大。漲停原因為「物流＋一帶一路」概念炒作。受利多衝擊，該股當日開高後分 2 個波次上衝封板，至收盤漲停板沒打開，盤面強勢特徵明顯。

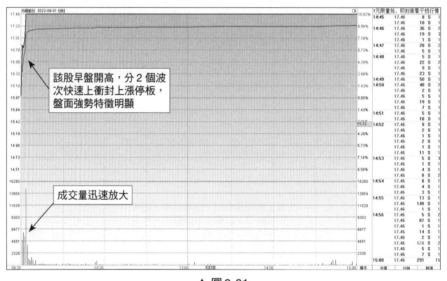

▲ 圖 2-31

　　圖 2-32 是 002800 天順股份 2022 年 9 月 1 日的分時圖。從分時圖來看，早盤開高後成交量迅速放大，分時價格線快速上衝於 9:31 略回檔後，再次上衝快速封上漲停板，成交量同步放大。

　　從盤面右邊的成交明細也可以看出，9:33 一筆 4961 張的大買單將股價封死在漲停板上後，成交量呈逐漸萎縮狀態，但百張以上

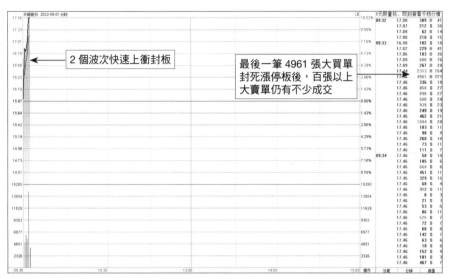

▲ 圖 2-32

賣單仍在持續成交。投資人只要在當日開盤後快速下單買進，應該都能成交。當然，也可以在股價第一波次上衝回檔（9:31）時，或9:33 最後一筆 4961 張的大買單即將封板前，快速下單買進。

圖 2-33 是 002800 天順股份 2022 年 9 月 1 日收盤時的 K 線走勢圖，可以看出此時該股處於上升趨勢。股價從前期相對高位（此前有過一波大幅上漲），即 2022 年 3 月 8 日的最高價 27.86 元下跌整理，至 2022 年 4 月 27 日的最低價 13.45 元止跌，下跌時間雖然不長但跌幅大。隨後，主力機構展開震盪盤升洗盤吸籌行情，K 線走勢紅多綠少、紅肥綠瘦，股價走勢呈上升趨勢。其間收出過 2 個大陽線漲停板，均為主力機構吸籌建倉型漲停板。

2022 年 9 月 1 日由於「物流＋一帶一路」概念利多的助推，該股跳空開高，收出一個大陽線漲停板，突破前高，成交量較前一交

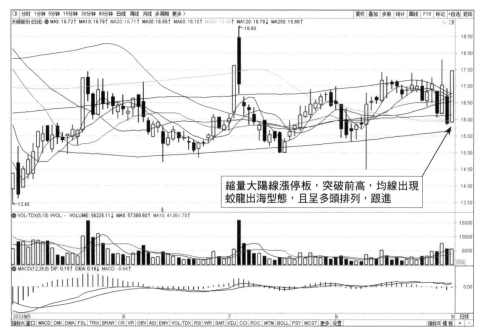

縮量大陽線漲停板，突破前高，均線出現蛟龍出海型態，且呈多頭排列，跟進

▲ 圖 2-33

易日略萎縮（漲停的原因），形成大陽線漲停 K 線型態。當日股價向上突破 5 日、10 日、20、30 日、60 日、90 日和 120 日均線（一陽穿 7 線），250 日均線在股價下方向上移動，均線呈蛟龍出海型態。

此時均線呈多頭排列（除 120 日均線外），MACD、KDJ 等技術指標走強，盤面強勢特徵已經相當明顯，後市持續快速上漲的機率大。投資人可以當日搶板，或次日以漲停價掛買單排隊等候買進，持股待漲，待股價出現明顯見頂訊號時再賣出。

圖 2-34 是 002800 天順股份 2022 年 9 月 9 日收盤時的分時走勢圖，當日該股漲停開盤後，成交量迅速放大。13:18 有連續 9 筆千

（萬）張以上大賣單成交，但漲停板沒被打開。13:20 有 6 筆千張以上大賣單成交，漲停板被打開，股價由漲停價 30.93 元跌到 30.30元，同 1 分鐘內，漲停板很快被封回。

　　由於大賣單時間短且在同 1 分鐘內，盤面買一位置買盤單量大，所以我們看不到分時價格線上砸出的小坑（應該是主力機構算好了買一位置除去自己掛單量外的總單量，經由撤換買一位置買單展開了 2 波大出逃），當日 K 線顯示最低價跌到 30.21 元。

　　從當日分時走勢來看，雖然分時價格線上看不到砸出的小坑，但從開盤後以及 13:18、13:20 三次大放量來看，應該是主力機構在大量出貨，因為投資人手中不可能有這麼大量的籌碼，所以後市走勢隱藏著巨大的風險。投資人當天如果還有籌碼沒出完，次日應逢高賣出。

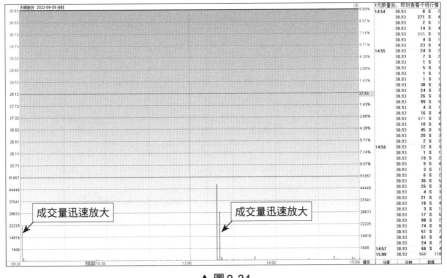

▲ 圖 2-34

　　圖2-35是002800天順股份2022年9月9日收盤時的K線走勢圖，可以看出9月1日該股開高，收出一個縮量大陽線漲停板，突破前高，形成大陽線漲停K線型態，均線出現蛟龍出海型態。均線呈多頭排列，股價的強勢特徵十分明顯，此後主力機構展開快速拉升行情。

　　從拉升情況來看，9月1日起主力機構依托5日均線，採取直線拉升、盤中洗盤、迅速拉高的操盤手法，急速向上拉升股價。從9月1日至9月9日7個交易日，拉出7根陽線，均為漲停板，其中3個大陽線漲停板、3個一字漲停板、1個小T字漲停板，漲幅大。

　　9月9日該股漲停開盤，收出一個小T字漲停板（高位T字板

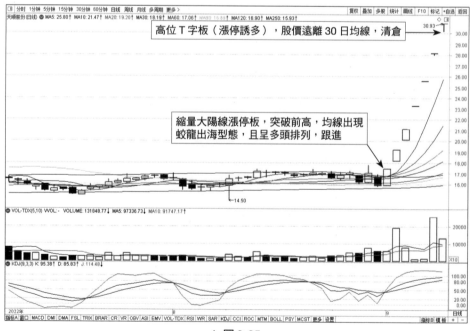

▲ 圖2-35

為誘多出貨型漲停板），成交量較前一交易日萎縮。由於距離前一波大漲行情間隔時間不長，加上前一交易日收出一個放量小 T 字板、股價已經處於高位，明顯是主力機構在高位展開漲停誘多出貨。此時股價遠離 30 日均線且漲幅大，KDJ 等部分技術指標已經走弱。投資人當天如果還有籌碼沒出完，次日應該逢高清倉。

2-2-3　開高快速上衝減壓後封上漲停板

開高快速上衝減壓後封上漲停板，是指個股高於前一交易日收盤價開盤，在迅速放大的成交量配合下，股價快速上衝，接近漲停價（或觸及漲停板）瞬間回落（或開板回落），但很快又封回漲停板。

一般來說，這種漲停板之前已經收出過大陽線漲停板，或者經過較長時間的震盪整理（震盪盤升）洗盤，股價已經處於上升趨勢。受利多衝擊當日快速上衝接近漲停價（或觸及漲停板）瞬間回落（或開板回落），主力機構操盤的目的是測試市場賣壓，快速清洗前期獲利盤。這種減壓操作，展開時間短，股價回檔幅度較小，很快就封回漲停板。

圖 2-36 是 000629 釩鈦股份 2022 年 7 月 4 日收盤時的分時走勢圖，為主力機構在前一個交易日拉出 1 個大陽線漲停板之次日的分時圖，當日該股縮量漲停，漲停原因為「釩電池＋鈦白粉」概念炒作。

從當日分時走勢來看，該股早盤大幅開高（向上跳空 4.78% 開盤），股價快速上衝於 9:34 觸及漲停價 4.60 元瞬間回落，成交量

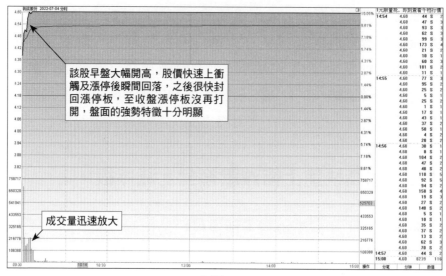

該股早盤大幅開高,股價快速上衝
觸及漲停後瞬間回落,之後很快封
回漲停板,至收盤漲停板沒再打
開,盤面的強勢特徵十分明顯

成交量迅速放大

▲ 圖 2-36

同步放大。但回落幅度不大,於 9:37 封回漲停板,至收盤漲停板
沒再打開,明顯是主力機構為測試市場賣壓、快速清洗前期獲利盤
而展開的短暫減壓整理。

　　從盤面來看,由於封回漲停板時間早,且開板時間短暫,回
檔幅度小,盤面的強勢特徵十分明顯。投資人可以當日搶板,或次
日以漲停價掛買單排隊加倉買進。

　　圖 2-37 是 000629 釩鈦股份 2022 年 7 月 4 日收盤時的 K 線走勢
圖,可以看出此時個股處於上升趨勢。股價從前期相對高位(前期
有過一波大漲),即 2021 年 9 月 8 日的最高價 5.12 元,一路震盪
回落,至 2022 年 4 月 27 日的最低價 2.76 元止跌。下跌時間較長、
跌幅大,下跌後期主力機構趁大盤大跌,打壓股價,收集部分籌碼
建倉。

　　2022 年 4 月 27 日股價止跌後，主力機構展開震盪盤升洗盤吸籌行情，K 線走勢紅多綠少、紅肥綠瘦，均線逐漸形成多頭排列。

　　2022 年 7 月 1 日該股開平，收出一個大陽線漲停板，突破前高，成交量較前一交易日略有放大，形成大陽線漲停 K 線型態。此時均線呈多頭排列，MACD、KDJ 等技術指標走強，股價的強勢特徵已經顯現，後市快速上漲的機率大。投資人可以當日搶板，或次日集合競價時以漲停價掛買單排隊等候買進。

　　7 月 4 日由於「釩電池＋鈦白粉」概念利多的助推，該股大幅跳空開高（向上跳空 4.78% 開盤），收出一個大陽線漲停板，突破前高，留下向上突破缺口，成交量較前一交易日萎縮（漲停的原

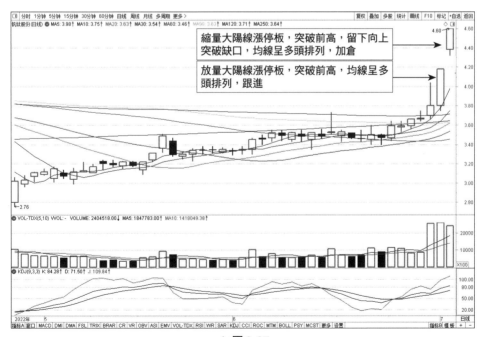

▲ 圖 2-37

因），形成向上突破缺口和大陽線漲停 K 線型態。

此時均線呈多頭排列，MACD、KDJ 等技術指標強勢，盤面的強勢特徵非常明顯，次日繼續漲停且快速上漲的機率大。投資人可以當日搶板，或次日以漲停價掛買單排隊等候加倉買進，持股待漲，待股價出現明顯見頂訊號時再賣出。

圖 2-38 是 000629 釩鈦股份 2022 年 7 月 21 日收盤時的分時走勢圖。從分時走勢來看，當日該股開低快速衝高，至分時均價線上方展開震盪盤升行情，14:08 股價震盪回落，當日盤中最高價接近漲停價，收盤漲幅 4.48%。

從盤面分時走勢來看，雖然當日股價在前一交易日收盤價上方、依托分時均價線展開震盪行情。但尾盤回落幅度較大且成交量同步放大，明顯是主力機構利用開低大幅走高、盤中高位震盪、尾

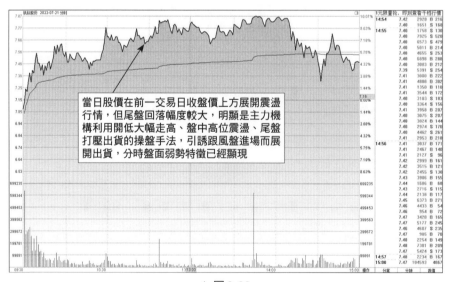

當日股價在前一交易日收盤價上方展開震盪行情，但尾盤回落幅度較大，明顯是主力機構利用開低大幅走高、盤中高位震盪、尾盤打壓出貨的操盤手法，引誘跟風盤進場而展開出貨，分時盤面弱勢特徵已經顯現

▲ 圖 2-38

盤打壓出貨的手法，引誘跟風盤進場而展開出貨，分時盤面弱勢特徵已經顯現。投資人當天如果還有籌碼沒出完，次日應逢高賣出。

　　圖 2-39 是 000629 釩鈦股份 2022 年 7 月 21 日收盤時的 K 線走勢圖。可以看出，7 月 4 日該股大幅跳空開高，收出一個縮量大陽線漲停板，突破前高，留下向上突破缺口，形成向上突破缺口和大陽線漲停 K 線型態。均線呈多頭排列，股價的強勢特徵相當明顯，此後主力機構展開快速拉升行情。

　　從拉升情況來看，7 月 4 日起主力機構依托 5 日均線，採取直線拉升、盤中洗盤、迅速拉高的操盤手法，急速向上拉升股價，至 7 月 7 日連續拉出 4 個漲停板。7 月 8 日主力機構展開強勢整理洗盤

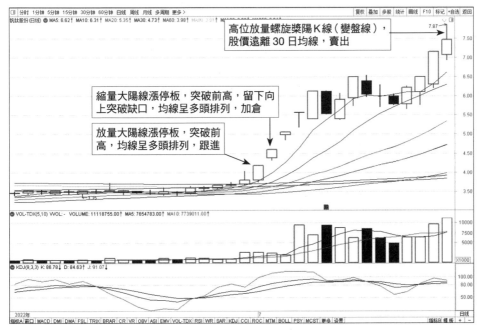

▲ 圖 2-39

行情，7月19日整理洗盤行情結束，7月20日再次拉出1個大陽線漲停板。從K線走勢來看，整體走勢順暢、漲幅較大。

　　7月21日該股開低，股價衝高回落，收出一根螺旋槳陽K線（高位或相對高位的螺旋槳K線，又稱變盤線或轉勢線），成交量較前一交易日放大，可看出主力機構採取開低拉高、盤中震盪然後回落的手法，引誘跟風盤進場而出貨。此時，股價遠離30日均線且漲幅較大，KDJ等部分技術指標開始走弱，盤面的弱勢特徵已經顯現。投資人當天如果還有籌碼沒出完，次日應逢高賣出。

　　圖2-40是002693雙成藥業2022年10月14日收盤時的分時走勢圖，為主力機構在前一個交易日拉出1個大陽線漲停板之次日的分時圖。當日該股放量漲停，漲停原因為「生物醫藥＋仿製藥＋注射用紫杉醇」概念炒作。

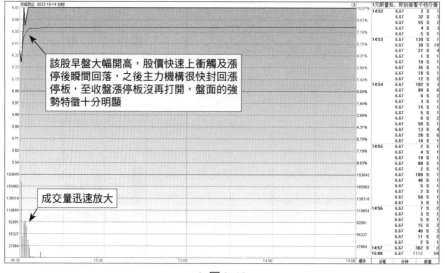

▲ 圖 2-40

　　從當日分時走勢來看，該股早盤大幅開高（向上跳空 4.79% 開盤），股價快速上衝於 9:32 觸及漲停價 6.67 元瞬間回落，成交量同步放大，但回落幅度不大，於 9:35 封回漲停板，至收盤漲停板沒再打開。明顯是主力機構為測試市場賣壓、快速清洗前期獲利盤而展開的短暫減壓整理。

　　從盤面來看，由於封回漲停板時間早，且開板時間短暫、回檔幅度小，盤面的強勢特徵十分明顯。投資人可以當日搶板，或次日以漲停價掛買單排隊等候加倉買進。

　　圖 2-41 是 002693 雙成藥業 2022 年 10 月 14 日收盤時的 K 線走勢圖，可以看出此時該股處於上升趨勢。

　　2022 年 10 月 13 日該股開低，收出一個大陽線漲停板，突破前高，成交量較前一交易日大幅萎縮（漲停的原因），形成大陽線漲停 K 線型態。此時均線呈多頭排列，MACD、KDJ 等技術指標走強，股價的強勢特徵已經顯現，後市快速上漲的機率大。投資人可以當日搶板，或次日以漲停價掛買單排隊等候買進。

　　10 月 14 日由於「生物醫藥＋仿製藥＋注射用紫杉醇」概念利多的助推，該股大幅跳空開高（向上跳空 4.79% 開盤），收出一個大陽線漲停板，突破前高，留下向上突破缺口，成交量較前一交易日放大 2 倍多，形成向上突破缺口和大陽線漲停 K 線型態。此時均線呈多頭排列，MACD、KDJ 等技術指標強勢，盤面的強勢特徵非常明顯，次日股價繼續漲停且快速上漲的機率大。投資人可以當日搶板，或次日以漲停價掛買單排隊等候加倉買進，持股待漲，待股價出現明顯見頂訊號時再賣出。

　　圖 2-42 是 002693 雙成藥業 2022 年 10 月 20 日收盤時的分時走

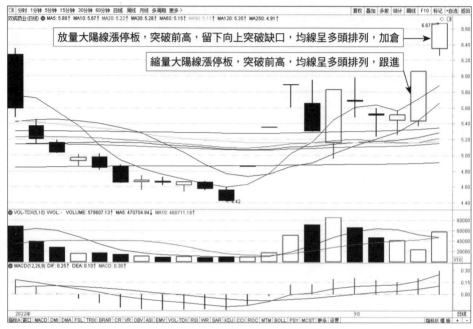
▲圖2-41

勢圖，當日該股大幅開低（向下跳空 −3.90% 開盤）後，股價快速回落，成交量迅速放大。股價最低下探至 7.92 元（下跌 −8.5% 左右），然後急速勾頭向上，多波次震盪上行，於 9：57 封上漲停板。當日漲停板打開封回 3 次，成交量放大。

　　從盤面來看，明顯是主力機構利用大幅開低震盪走高、漲停板反覆打開、封回等操盤手法，引誘跟風盤進場而展開出貨，分時盤面弱勢特徵已經顯現。投資人當天如果還有籌碼沒出完，次日應逢高賣出。

　　圖 2-43 是 002693 雙成藥業 2022 年 10 月 20 日收盤時的 K 線走

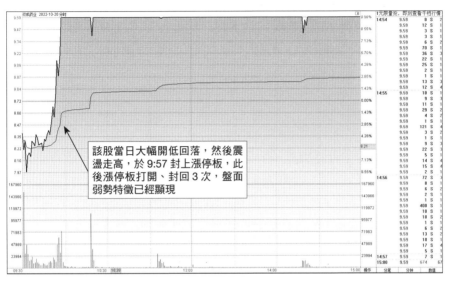

該股當日大幅開低回落，然後震盪走高，於 9:57 封上漲停板，此後漲停板打開、封回 3 次，盤面弱勢特徵已經顯現

▲ 圖 2-42

勢圖，可以看出，10 月 14 日該股大幅跳空開高，收出一個放量大陽線漲停板，突破前高，留下向上突破缺口，形成向上突破缺口和大陽線漲停 K 線型態。均線呈多頭排列，股價的強勢特徵相當明顯，此後主力機構展開快速拉升行情。

從拉升情況來看，10 月 14 日起主力機構依托 5 日均線，採取直線拉升、盤中洗盤、迅速拉高的操盤手法，急速向上拉升股價。至 10 月 20 日連續拉出 5 根陽線，其中 4 個漲停板（2 個一字漲停板、2 個大陽線漲停板），漲幅相當不錯。

10 月 20 日該股大幅開低（向下跳空 -3.90% 開盤），收出一個帶下影線的大陽線漲停板，成交量較前一交易日放大。當日股價回落跌（刺）破 5 日均線，加上前一交易日收出巨量螺旋槳陽 K 線，可以看出當日的漲停板明顯是一個誘多出貨型漲停板。此時股

價遠離 30 日均線且漲幅較大，KDJ 等部分技術指標開始走弱，盤面的弱勢特徵已經顯現。投資人當天如果還有籌碼沒出完，次日應逢高賣出。

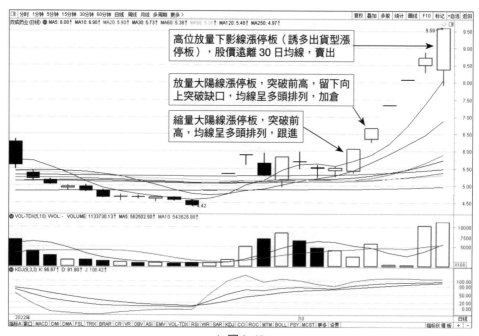

▲ 圖 2-43

掌握開高快速鎖死的交易規則

- 開高快速封板的漲停板，是指個股早盤跳空開高，然後主力機構急速拉升股價，瞬間封板的漲停板。

- 這種漲停板一般有重大利多驅動，或是熱門熱點板塊強勢股，開高後基本上是一個波次或 2 個波次或快速上衝減壓後封上漲停板。

- 投資人可以在當日股價開高後或即將漲停時快速跟進，也可以認真分析次日個股漲停的可能性後，利用「價格優先，時間優先」的交易規則。

【實戰範例】

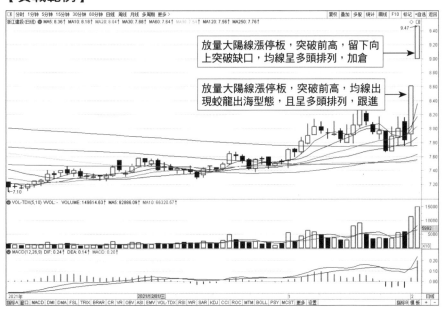

2-3

波次越少越強勢，
上漲訊號來了就加碼

多波次接力封上漲停板，指的是個股開高（平）後，分時價格線向上運行多個波次，然後封上漲停板。理論上，越少波次上衝封上漲停板的個股，股性越強；越多波次上衝封漲停的個股，股性較弱。當然，投資人還是要對目標股票股價所處的位置及分析其他技術指標後，再決定是否進場。

實戰操盤中，在多波次接力封上漲停板個股的選擇上，投資人最好選擇那些早盤開高或開平、2至3個波次快速上衝封板且在早盤時間內封板的個股，當然封板時間越早越好。這種目標股票的主力機構實力較強、有想法，投資人短期可看多做多。

2-3-1　開高（平）3個波次接力封上漲停板

開高（平）3個波次接力封上漲停板，是指個股高於或在前一交易日的收盤價上開盤，在迅速放大的成交量配合下，股價快速上衝，其間經過2次短暫回檔，之後快速上行封上漲停板，成交量同

步放大。這種漲停板之前一般已經收出過漲停板，或者經過較長時間的震盪整理（震盪盤升）洗盤，股價已處於上升趨勢，受利多衝擊當日 3 個波次快速封上漲停板。

圖 2-44 是 000040 東旭藍天 2022 年 8 月 9 日收盤時的分時走勢圖。當日該股開平放量漲停，漲停原因為「機器人＋TOPCON 電池＋光伏」概念炒作。

從當日分時走勢來看，該股早盤開平，股價小幅震盪後展開第 1 波次上衝，於 9:42 展開小幅回檔後展開第 2 波次上衝，於 9:44 再次展開小幅回檔後展開第 3 波次快速上衝，於 9:47 封上漲停板。股價每次回檔的時間較短，幅度不大，上衝時成交量同步放大。主力機構回檔的目的，應該是測試市場賣壓、快速清洗前期獲利盤。

從盤面來看，由於封板時間早，封板後漲停板沒有再打開，

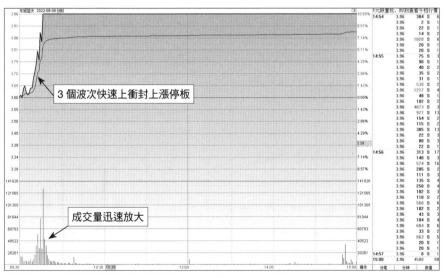

▲ 圖 2-44

封板之後成交量呈持續萎縮狀態，盤面的強勢特徵十分明顯。投資人可以當日搶板，或次日擇機進場加碼。

　　圖 2-45 是 000040 東旭藍天 2022 年 8 月 9 日收盤時的 K 線走勢圖，可以看出此時該股處於上升趨勢。股價從前期相對高位（前期有過一波較大幅度的上漲），即 2021 年 9 月 23 日的最高價 4.35 元，震盪下跌，至 2022 年 4 月 27 日的最低價 2.54 元止跌，下跌時間雖然不是很長但跌幅較大，其間有過 2 次較大幅度的反彈。

　　2022 年 4 月 27 日股價止跌後，主力機構展開震盪盤升行情，K 線走勢紅多綠少、紅肥綠瘦，均線逐漸形成多頭排列。震盪盤升其間，主力機構拉出 2 個漲停板，為吸籌建倉型漲停板。

▲ 圖 2-45

　　8 月 9 日由於上述概念利多的助推，該股開平，收出一個大陽線漲停板，突破前高，成交量較前一交易日大幅放大，形成大陽線漲停 K 線型態。此時均線呈多頭排列，MACD、KDJ 等技術指標已經走強，盤面的強勢特徵相當明顯，後市股價快速上漲的機率大。投資人可以當日搶板，或次日擇機進場加碼，持股待漲，待股價出現明顯見頂訊號時再賣出。

　　圖 2-46 是 000040 東旭藍天 2022 年 8 月 24 日收盤時的分時走勢圖。從分時走勢來看，當日該股大幅開高（向上跳空 5.25% 開盤）後，股價快速回落，成交量迅速放大，股價跌破前一交易日收盤價，最低下探至 5.82 元（下跌 -1.5% 左右），然後急速勾頭向上，穿過前一交易日收盤價和分時均價線，展開震盪盤整行情，9:56 封上漲停板。11:22 漲停板被大賣單打開，成交量放大，股價

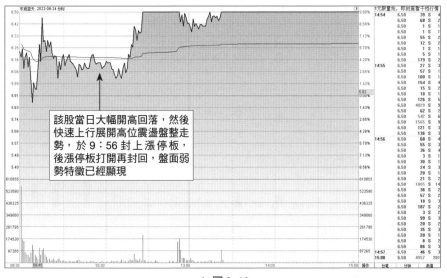

▲ 圖 2-46

展開高位震盪盤整，13:22 封回漲停板至收盤。

　　從盤面來看，該股開盤後回落跌破前一交易日收盤價，封板時間晚，封板後又被打開且時間較長。明顯是主力機構利用大幅開高、高位震盪、漲停板打開封回等操盤手法，引誘跟風盤進場而展開出貨，分時盤面弱勢特徵已經顯現。投資人當天如果還有籌碼沒出完，次日應逢高賣出。

　　圖 2-47 是 000040 東旭藍天 2022 年 8 月 24 日收盤時的 K 線走勢圖，可以看出 8 月 9 日該股開平，收出一個放量大陽線漲停板，突破前高，形成大陽線漲停 K 線型態。均線呈多頭排列，股價的強勢特徵相當明顯，此後主力機構展開快速拉升行情。

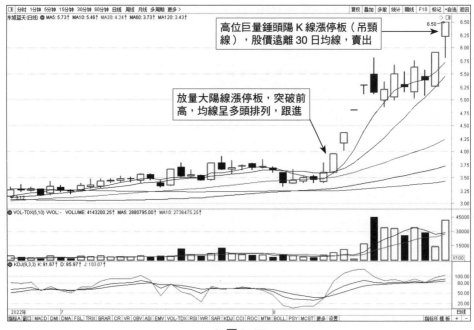

▲ 圖 2-47

　　從拉升情況來看，8 月 9 日起主力機構依托 5 日均線，採取直線拉升、盤中洗盤、迅速拉高的操盤手法，急速向上拉升股價，至8 月 12 日，連續拉出 4 個漲停板。8 月 15 日該股大幅開高，股價衝高回落展開強勢洗盤整理行情，8 月 23 日洗盤整理行情結束，之後連續拉出 2 個漲停板。從 K 線走勢來看，整體走勢比較順暢，漲幅比較大。

　　8 月 24 日該股大幅開高（向上跳空 5.25% 開盤），收出一個錘頭陽 K 線漲停板，成交量較前一交易日放大近 3 倍，顯露出主力機構採取大幅開高、盤中高位震盪盤整、漲停板打開封回等操盤手法，引誘跟風盤進場而大量出貨的跡象。此時，股價遠離 30 日均線且漲幅較大。投資人當天如果還有籌碼沒出完，次日應逢高賣出。

　　圖 2-48 是 603929 亞翔集成 2022 年 10 月 31 日收盤時的分時走勢圖，當日該股大幅跳空開高放量漲停，漲停原因類為「半導體＋中芯國際＋折疊屏」概念炒作。

　　從當日分時走勢來看，該股早盤大幅開高（向上跳空 4.42% 開盤），股價快速上衝，於 9:31 小幅回檔後展開第 2 波次上衝，9:32再次小幅回檔後展開第 3 波次快速上衝，於 9:36 封上漲停板。股價每次回檔的時間短、幅度小，上衝時成交量同步放大。主力機構回檔的目的，應該是測試市場賣壓、快速清洗前期獲利盤。

　　從盤面來看，由於封板時間早，封板後漲停板沒有再打開，封板之後成交量呈持續萎縮狀態，盤面的強勢特徵十分明顯。投資人可以當日搶板，或次日擇機進場加碼。

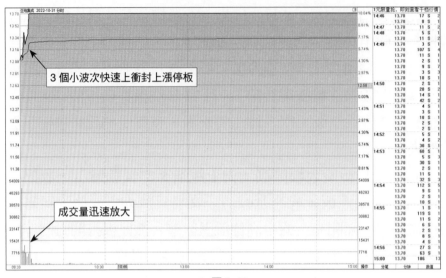

3個小波次快速上衝封上漲停板

成交量迅速放大

▲ 圖 2-48

　　圖 2-49 是 603929 亞翔集成 2022 年 10 月 31 日收盤時的 K 線走勢圖，可以看出此時個股處於上升趨勢。股價從前期相對高位（前期有過一波大漲）一路震盪下跌，下跌時間雖然不是很長，但跌幅較大，其間有過 3 次較大幅度的反彈。

　　2021 年 2 月 9 日股價止跌後，主力機構快速推升股價，收集籌碼，隨後展開大幅震盪盤升行情，高賣低買與洗盤吸籌並舉。

　　2022 年 10 月 28 日該股漲停開盤，收出一個一字漲停板，突破前高，留下向上突破缺口，成交量較前一交易日放大，形成向上突破缺口和一字漲停 K 線型態。此時均線呈多頭排列，MACD、KDJ 等技術指標走強，股價的強勢特徵已經非常明顯，後市持續快速上漲的機率大。投資人可以在當日搶板，或在次日以漲停價掛買單排隊等候加倉買進。

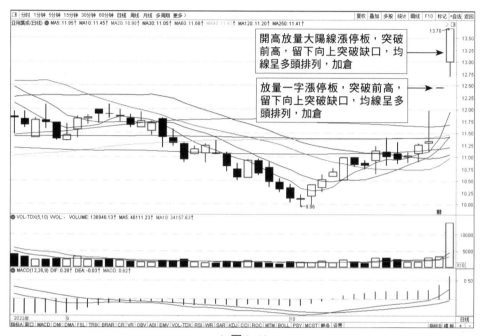

開高放量大陽線漲停板，突破前高，留下向上突破缺口，均線呈多頭排列，加倉

放量一字漲停板，突破前高，留下向上突破缺口，均線呈多頭排列，加倉

▲ 圖 2-49

　　10 月 31 日該股大幅開高（向上跳空 4.42% 開盤），收出一個大陽線漲停板，突破前高，再次留下向上突破缺口，成交量較前一交易日放大 4 倍多，形成向上突破缺口和大陽線漲停 K 線型態。此時均線呈多頭排列，MACD、KDJ 等技術指標強勢，盤面的強勢特徵相當明顯，加上「半導體＋中芯國際＋折疊屏」利多消息刺激，後市股價繼續快速上漲的機率大。投資人可以當日搶板，或次日擇機進場加碼，持股待漲，待股價出現明顯見頂訊號時再賣出。

　　圖 2-50 是 603929 亞翔集成 2022 年 11 月 9 日收盤時的分時走勢圖。從分時走勢來看，當日該股大幅開高（向上跳空 4.88% 開盤）後，股價急速回落，成交量迅速放大，股價跌破前一交易日收

盤價，最低下探至 15.64 元（下跌 -4.40% 左右）。然後急速勾頭向上，穿過前一交易日收盤價，展開震盪盤升行情，於 10:07 封上漲停板。14:16 漲停板被打開，成交量放大，14:20 封回漲停板，至收盤沒再打開。

　　從盤面來看，該股開盤後回落幅度較深，封板時間晚，封板後又被打開，明顯是主力機構利用大幅開高、盤中震盪、漲停板打開封回等操盤手法，引誘跟風盤進場而展開出貨，分時盤面弱勢特徵已經顯現。投資人當天如果還有籌碼沒出完，次日應逢高賣出。

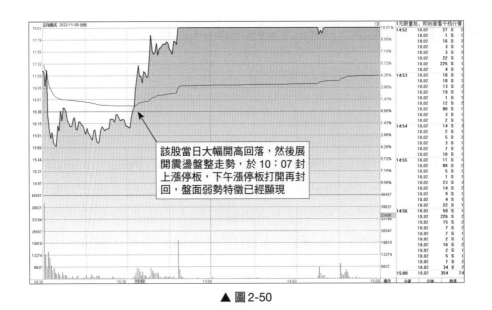

▲ 圖 2-50

　　圖 2-51 是 603929 亞翔集成 2022 年 11 月 9 日收盤時的 K 線走勢圖，可以看出，10 月 31 日該股大幅開高，收出一個放量大陽線漲停板，突破前高，留下向上突破缺口，形成向上突破缺口和大陽

線漲停 K 線型態。均線呈多頭排列，股價的強勢特徵相當明顯，此後主力機構展開快速拉升行情。

　　從拉升情況來看，10 月 31 日起主力機構依托 5 日均線，向上拉升股價，拉出 2 個漲停板後，於 11 月 2 日展開強勢洗盤整理行情。11 月 8 日洗盤整理行情結束，又連續拉出 2 個漲停板。從 K 線走勢來看，整體走勢順暢、漲幅大。

　　11 月 9 日該股大幅開高（向上跳空 4.88% 開盤），收出一個長下影錘頭陽 K 線漲停板，成交量較前一交易日明顯放大，顯露出主力機構採取大幅開高、盤中震盪盤整、漲停板打開封回等操盤手法，引誘跟風盤進場而大量出貨的跡象。此時，股價遠離 30 日

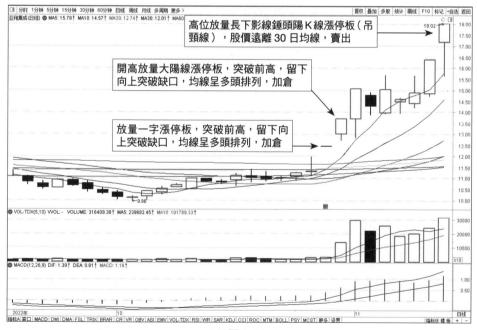

▲ 圖 2-51

均線且漲幅較大，投資人當天如果還有籌碼沒出完，次日應逢高賣出。

2-3-2　開高（平）多波次接力封上漲停板

開高（平）多波次接力封上漲停板，是指個股高於或在前一交易日的收盤價上開盤，在迅速放大的成交量配合下，股價快速上衝，其間經過多次短暫回檔，之後快速上行封上漲停板。這種漲停板之前一般已經收出過漲停板，或者經過較長時間的震盪整理（震盪盤升）洗盤，股價已處於上升趨勢，受利多衝擊當日多個波次快速封上漲停板。

圖 2-52 是 603232 格爾軟體 2022 年 10 月 27 日收盤時的分時走勢圖。當日該股大幅跳空開高放量漲停，漲停原因為「信創＋數位貨幣＋網路安全＋汽車晶片」概念炒作。從當日分時走勢來看，該股早盤開高後略回落，然後股價呈多個波次快速上衝，於 9:52 封上漲停板，至收盤漲停板沒被打開。股價多個波次快速上衝過程中，每次回檔的時間短、幅度小，上衝時成交量同步放大。主力機構回檔的目的，應該是測試市場賣壓、快速清洗前期獲利盤。

從盤面來看，由於封板時間早，封板後漲停板沒有被打開，且成交量呈持續萎縮狀態，分時盤面的強勢特徵十分明顯。投資人可以當日搶板，或次日擇機進場加碼。

圖 2-53 是 603232 格爾軟體 2022 年 10 月 27 日收盤時的 K 線走勢圖，可以看出此時該股處於上升趨勢。股價從前期相對高位一路震盪下跌，下跌時間長、跌幅大，其間有過多次較大幅度反彈。

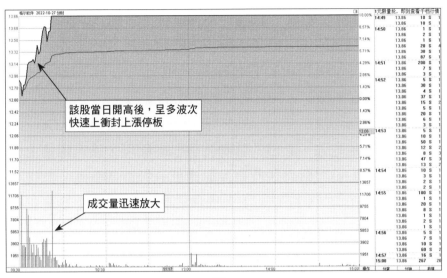

▲ 圖 2-52

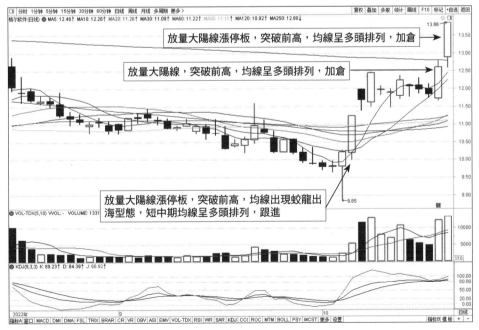

▲ 圖 2-53

10月13日該股開低，收出一個大陽線漲停板，突破前高，成交量較前一交易日放大2倍多，形成大陽線漲停K線型態。當日股價向上突破5日、10日、20日、30日、60日、90日、120日和250日均線（一陽穿8線），均線形成蛟龍出海型態。

此時短中期均線呈多頭排列（除30日均線外），MACD、KDJ等技術指標開始走強，股價的強勢特徵已經顯現，後市繼續上漲的機率大，投資人可以當日或次日進場逢低分批買進籌碼。此後（從10月14日至10月25日），主力機構展開強勢整理洗盤，正是投資人進場的好時機。

10月26日該股開低，收出一根大陽線（漲幅6.51%），突破前高和平台，成交量較前一交易日放大2倍多。此時均線（除250日均線外）呈多頭排列，MACD、KDJ等技術指標走強，股價的強勢特徵已經相當明顯，後市快速上漲的機率大，投資人可以當日或次日擇機進場加碼。

10月27日該股跳空開高（向上跳空2.30%開盤），收出一個大陽線漲停板，突破前高，成交量較前一交易日明顯放大，形成大陽線漲停K線型態。此時，均線呈多頭排列（除250日均線外），MACD、KDJ等技術指標強勢，盤面的強勢特徵非常明顯，加上「信創＋數位貨幣＋網路安全＋汽車晶片」利多消息刺激，後市股價繼續快速上漲的機率大。投資人可以當日搶板或次日擇機進場加碼，持股待漲，待股價出現明顯見頂訊號時再賣出。

圖2-54是603232格爾軟體2022年11月7日收盤時的分時走勢圖。從分時走勢來看，當日該股大幅開高（向上跳空3.54%開盤）後，股價快速衝高，於9:32封上漲停板。10:02漲停板被連續

4 筆千（萬）張以上大賣單打開，股價快速下跌，跌破分時均價線後展開震盪回落，盤中一度跌破前一交易日收盤價回落幅度較深，當日收盤收在前一交易日收盤價上（平盤）。

　　從盤面來看，當日大幅開高，股價急速上衝封上漲停板，封板 30 分鐘即被大賣單打開，此後股價一路震盪下跌至收盤。明顯是主力機構利用大幅開高、快速封板、打開漲停板、震盪回落等手法，引誘跟風盤進場而展開出貨，分時盤面弱勢特徵已經顯現。投資人當天如果還有籌碼沒出完，次日應逢高賣出。

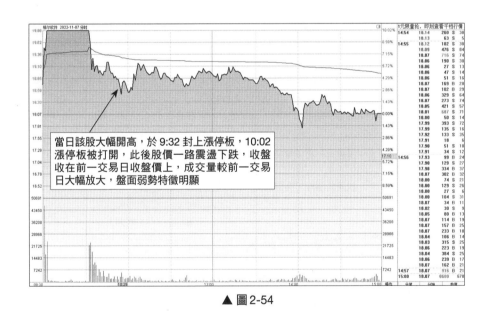

▲ 圖 2-54

　　圖 2-55 是 603232 格爾軟體 2022 年 11 月 7 日收盤時的 K 線走勢圖，可以看出，10 月 27 日該股大幅開高，收出一個放量大陽線漲停板，突破前高，形成大陽線漲停 K 線型態。均線呈多頭排列，

股價的強勢特徵相當明顯，此後主力機構展開快速拉升行情。

從拉升情況來看，10月27日起主力機構依托5日均線，採取直線拉升、盤中洗盤、迅速拉高的操盤手法，急速向上拉升股價。至11月4日，7個交易日時間共拉出5個漲停板，漲幅相當可觀。

11月7日該股大幅開高（向上跳空3.54%開盤），收出一根長上影線倒錘頭陰K線（高位倒錘頭K線，又稱射擊之星或流星線），成交量較前一交易日大幅放大。顯露出主力機構採取大幅開高、漲停及打開、盤中震盪回落等操盤手法，引誘跟風盤進場而大量出貨的跡象。此時，股價遠離30日均線且漲幅較大，KDJ等部分技術指標開始走弱，盤面的弱勢特徵已經顯現。投資人當天如果

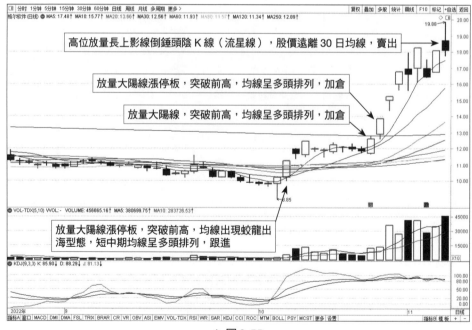

▲ 圖 2-55

還有籌碼沒出完，次日應逢高賣出。

圖 2-56 是 300071 福石控股 2022 年 11 月 10 日收盤時的分時走勢圖。當日該股開高放量漲停，漲停原因為「Web3.0＋元宇宙＋文化傳媒」概念炒作。從當日分時走勢來看，該股早盤開高後，股價呈多個波次快速上行，於 9:52 封上漲停板，至收盤漲停板沒被打開。股價多個波次快速上衝過程中，每次回檔的時間短、幅度小，上衝時成交量同步放大。主力機構回檔的目的，應該是測試市場賣壓、快速清洗前期獲利盤。

從盤面來看，由於封板時間早，封板後漲停板沒有被打開，封板之後成交量呈持續萎縮狀態，盤面的強勢特徵十分明顯。投資人可以當日搶板，或次日擇機進場加倉買入籌碼。

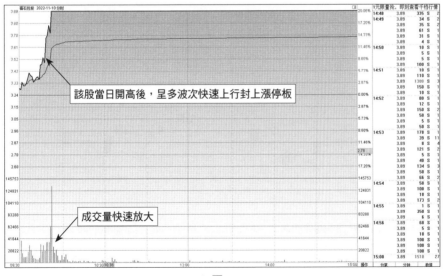

▲ 圖 2-56

　　圖 2-57 是 300071 福石控股 2022 年 11 月 10 日收盤時的 K 線走勢圖，可以看出此時該股處於上升趨勢。股價從前期相對高位一路震盪下跌，下跌時間雖然不長但跌幅大，其間有過 2 次較大幅度反彈。

　　2021 年 4 月 28 日股價止跌後，主力機構展開大幅震盪盤升行情，高賣低買與洗盤吸籌並舉。2022 年 11 月 8 日該股開高，收出一根中陽線，成交量較前一交易日放大 3 倍多。當日股價向上突破 5 日、60 日、90 日和 120 日均線（一陽穿 4 線），10 日、20 日、30 日和 250 日均線在股價下方上行，均線呈蛟龍出海型態。

　　此時均線呈多頭排列（除 60 日均線外），MACD、KDJ 等技

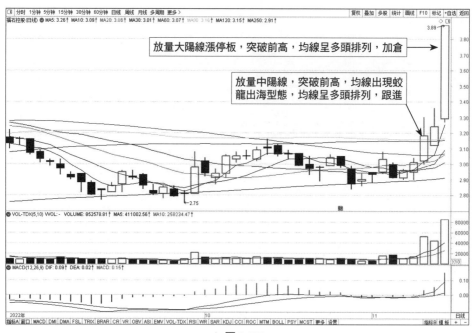

▲ 圖 2-57

術指標開始走強，股價的強勢特徵已經顯現，後市繼續上漲的機率大。投資人可以當日或次日進場，逢低分批買進籌碼。

　　11 月 10 日該股跳空開高，收出一個大陽線漲停板（漲幅 20%），突破前高，成交量較前一交易日明顯放大近 2 倍，形成大陽線漲停 K 線型態。此時均線呈多頭排列，MACD、KDJ 等技術指標強勢，盤面的強勢特徵非常明顯，加上「Web3.0＋元宇宙＋文化傳媒」利多消息刺激，後市股價繼續快速上漲的機率大。投資人可以當日搶板或次日擇機進場加倉買入籌碼，持股待漲，待股價出現明顯見頂訊號時再賣出。

　　圖 2-58 是 300071 福石控股 2022 年 11 月 15 日收盤時的分時走勢圖。當日該股大幅開低（向下跳空 −7.60% 開盤）後，股價快速衝高，突破前一交易日收盤價，然後急速拐頭下行，回落至開盤價

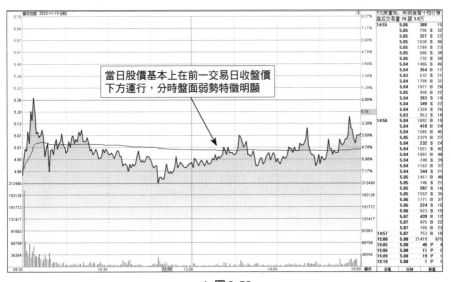

▲ 圖 2-58

附近，圍繞分時均價線展開震盪盤整至收盤，收盤漲幅 -3.42%。

從盤面來看，全天股價在前一交易日收盤價下方運行，波動幅度不大，明顯是主力機構利用大幅開低、盤中震盪盤整等操盤手法，打壓股價而展開出貨，整個分時盤面弱勢特徵明顯。投資人當天如果還有籌碼沒出完，次日應逢高賣出。

圖 2-59 是 300071 福石控股 2022 年 11 月 15 日收盤時的 K 線走勢圖，可以看出 11 月 10 日該股開高，收出一個放量大陽線漲停板，突破前高，形成大陽線漲停 K 線型態。均線呈多頭排列，強勢特徵相當明顯，此後主力機構快速向上拉升股價。

從拉升情況來看，11 月 10 日收出一個放量大陽線漲停板之

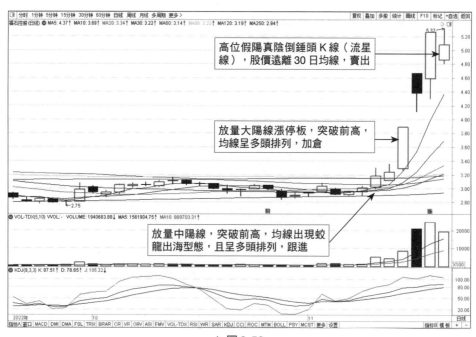

▲ 圖 2-59

後，11 日該股漲停開盤，收出一根假陰真陽錘頭 K 線。12 日該股大幅開高（向上跳空 4.79% 開盤），收出一個放量大陽線漲停板。3 個交易日的時間，拉出 2 個半漲停板，漲幅還是相當可觀的。

11 月 15 日該股大幅開低（向下跳空 -7.60% 開盤），收出一根假陽真陰倒錘頭 K 線（高位倒錘頭 K 線，又稱射擊之星或流星線，千萬小心高位假陽真陰）。成交量較前一交易日萎縮，明顯是主力機構利用大幅開低、衝高回落等操盤手法，打壓股價而展開出貨。此時股價遠離 30 日均線且漲幅較大，KDJ 等部分技術指標開始走弱，盤面的弱勢特徵已經顯現。投資人當天如果還有籌碼沒出完，次日應逢高賣出。

2-3-3　開高（平）窄幅橫盤整理突破封上漲停板

窄幅橫盤整理突破封上漲停板，是指個股開高（或開平）後，股價被主力機構控制在較小的幅度內，展開較長時間的橫盤整理後突然上衝封停，橫向運行較長時間後，突然發力衝高突破分時平台，封上漲停板。

其中原因，有可能是當時大盤疲軟或跳水，主力機構將股價控制在較小的幅度內橫盤整理，以免引起恐慌，也可能是拉升前洗盤吸籌的需要等等。投資人在操盤過程中要注意，一般情況下這類漲停個股，會比多波次上衝封上漲停板的個股股性弱一點。

圖 2-60 是 000759 中百集團 2022 年 9 月 8 日收盤時的分時走勢圖。當日該股開高放量漲停，漲停原因為「零售＋預製菜＋免稅店＋一帶一路」概念炒作。從分時走勢來看，該股當日向上跳空開高

後，主力機構展開窄幅橫盤整理行情，整理其間股價走勢平穩，成交量呈萎縮狀態。11:18分時價格線突然直線上衝，急速封上漲停板，成交量同步放大。13:05漲停板被大賣單打開，13:09封回後瞬間又被大賣單打開，13:12封回漲停板至收盤。

從盤面來看，雖然是上午封上的漲停板，但下午開盤後漲停板被打開過2次（開板時間短，回檔幅度小），成交量迅速放大，所以漲停板封板力度較弱，這也是投資人進場買入籌碼的好機會。

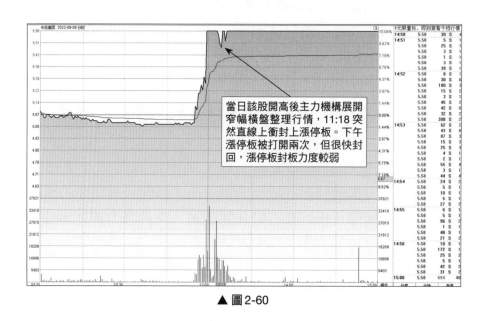

▲ 圖 2-60

圖2-61是000759中百集團2022年9月8日收盤時的K線走勢圖，可以看出，此時該股處於前期高位下跌之後的上漲（反彈）趨勢。股價從前期相對高位一路震盪下跌，下跌時間長、跌幅大，其間有過多次較大幅度的反彈。

　　2022 年 9 月 1 日該股開高，收出一個大陽線漲停板，突破前高，成交量較前一交易日放大 6 倍多，形成大陽線漲停 K 線型態。當日股價向上突破 5 日、10 日、60 日、90 日、120 日和 250 日均線（一陽穿 6 線），20 日和 30 日均線在股價下方向上移動，均線形成蛟龍出海型態。此時均線呈多頭排列，MACD、KDJ 等技術指標走強，股價的強勢特徵已經顯現，做多氛圍濃厚。投資人可以當日搶板，或次日積極進場買進籌碼。

　　9 月 2 日該股開低，股價衝高回落，收出一根中陰線，主力機構展開強勢洗盤行情，連續整理 4 個交易日，成交量呈萎縮狀態，正是投資人逢低買進的好時機。

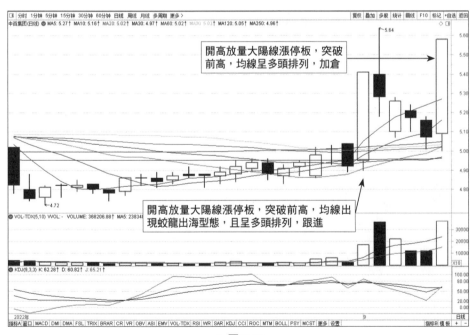

▲ 圖 2-61

　　9月8日該股跳空開高，收出一個大陽線漲停板，突破前高，成交量較前一交易日放大3倍多，形成大陽線漲停K線型態。此時均線呈多頭排列，MACD、KDJ等技術指標持續強勢，股價的強勢特徵非常明顯，做多氛圍濃厚，加上「零售＋預製菜＋免稅店＋一帶一路」利多消息刺激，股價短期持續快速上漲的機率大。投資人可以當日搶板，或次日擇機進場加碼，持股待漲，待股價出現明顯見頂訊號時再賣出。

　　圖2-62是000759中百集團2022年9月15日收盤時的分時走勢圖。當日股價開低，急速回落至7.00元左右（下跌幅度-5.7%左右），略作整理後快速上衝，突破前一交易日收盤價後拐頭震盪下行，13:19封死跌停板至收盤。明顯是主力機構經由大幅開低及跌停方式打壓股價出貨，整個分時盤面弱勢特徵明顯。投資人當天如

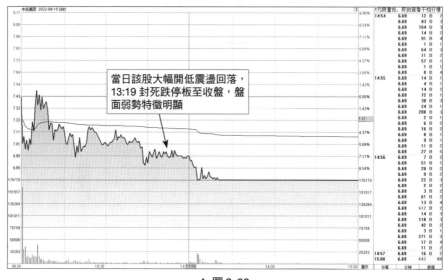

▲ 圖2-62

果還有籌碼沒出完，次日應該逢高清倉。

圖 2-63 是 000759 中百集團 2022 年 9 月 15 日收盤時的 K 線走勢圖，可以看出 9 月 8 日該股跳空開高，收出一個放量大陽線漲停板，突破前高，形成大陽線漲停 K 線型態。均線呈多頭排列，股價的強勢特徵相當明顯，此後主力機構展開快速拉升行情。

從拉升情況來看，9 月 8 日起主力機構依托 5 日均線，採取直線拉升、盤中洗盤、迅速拉高的操盤手法，急速向上拉升股價。至 9 月 14 日連續拉出 4 個大陽線漲停板，漲幅較大。

9 月 15 日該股開低，收出一根看跌吞沒大陰線（高位看跌吞沒陰線為見頂訊號），成交量較前一交易日放大 3 倍多，顯露出主力

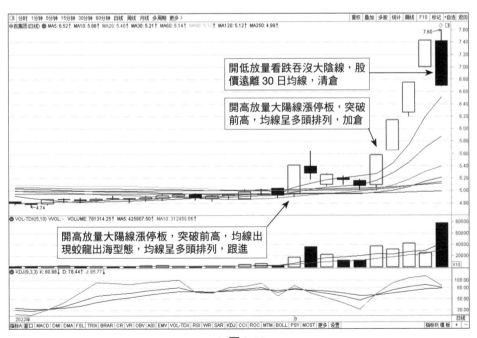

▲ 圖 2-63

機構利用大幅開低、毫無顧忌打壓股價出貨的堅決態度。此時股價遠離 30 日均線且漲幅較大，MACD、KDJ 等技術指標開始走弱，盤面的弱勢特徵比較明顯。投資人當天如果還有籌碼沒出完，次日應該逢高清倉。

圖 2-64 是 300374 中鐵裝配 2022 年 11 月 22 日收盤時的分時走勢圖。當日該股開平放量漲停，漲停原因為「裝修建材＋基建＋方艙醫院＋中字頭」概念炒作。從當日分時走勢來看，該股早盤開平後，主力機構展開窄幅橫盤整理行情，整理其間股價走勢平穩，成交量呈萎縮狀態。11:26 分時價格線突然直線上衝，急速封上漲停板，成交量同步放大。13:45 漲停板被大賣單打開，13:49 封回後瞬間又被大賣單打開，13:56 封回漲停板至收盤。

從盤面來看，雖然是上午臨收盤時股價急速上衝、下午開盤

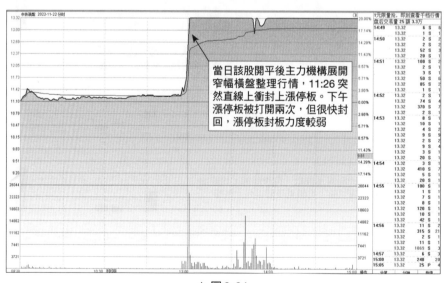

▲ 圖 2-64

時馬上封上的漲停板，但下午漲停板被打開過 2 次（開板時間短、回檔幅度小），成交量迅速放大，所以漲停板封板力度較弱，這也正好是投資人進場買進籌碼的好機會。

　　圖 2-65 是 300374 中鐵裝配 2022 年 11 月 22 日收盤時的 K 線走勢圖，可以看出，此時該股走勢處於上升趨勢中。股價從前期相對高位震盪下跌，下跌時間雖然不長但跌幅大，其間有過 1 次較大幅度的反彈。

　　2022 年 4 月 27 日股價止跌後，主力機構展開大幅橫盤震盪（挖坑）行情，高賣低買與洗盤吸籌並舉。

　　11 月 22 日該股開平，收出一個大陽線漲停板，突破前高，成

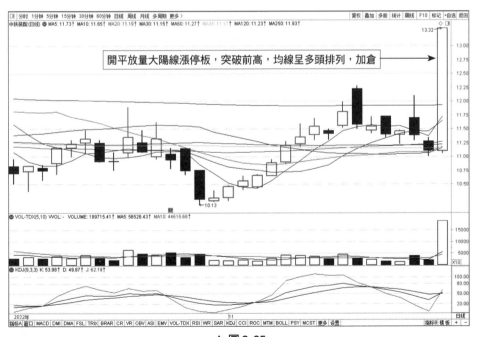

▲ 圖 2-65

交量較前一交易日放大 8 倍多，形成大陽線漲停 K 線型態。此時均線呈多頭排列，MACD、KDJ 等技術指標強勢，盤面的強勢特徵非常明顯，加上「裝修建材＋基建＋方艙醫院＋中字頭」利多消息的刺激，後市股價繼續快速上漲的機率大。

投資人可以當日搶板，或次日擇機進場加碼，持股待漲，待股價出現明顯見頂訊號時再賣出。

圖 2-66 是 300374 中鐵裝配 2022 年 11 月 24 日收盤時的分時走勢圖。從分時走勢來看，當日該股大幅開低（向下跳空 -6.76% 開盤）後，股價略作衝高即展開緩慢震盪回落，最低探至 14.41 元（-9.80% 左右），然後展開緩慢震盪上行，尾盤有所拉高，收盤漲幅 -4.07%。

從盤面來看，全天股價在前一交易日收盤價下方運行，波動

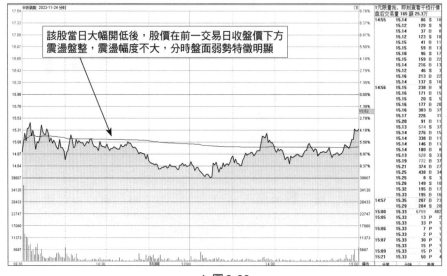

▲ 圖 2-66

幅度不大，明顯是主力機構利用大幅開低、盤中震盪盤整的操盤手法，打壓股價而展開出貨，整個分時盤面弱勢特徵明顯。投資人當天如果還有籌碼沒出完，次日應逢高賣出。

圖 2-67 是 300374 中鐵裝配 2022 年 11 月 24 日收盤時的 K 線走勢圖，可以看出 11 月 22 日該股開平，收出一個放量大陽線漲停板，突破前高，形成大陽線漲停 K 線型態。均線呈多頭排列，強勢特徵相當明顯，此後主力機構快速向上拉升股價。

從拉升情況來看，11 月 22 日收出一個放量大陽線漲停板之後，11 月 23 日該股開高，再次收出一個放量大陽線漲停板。

11 月 24 日該股大幅開低（向下跳空 -6.76% 開盤），收出一

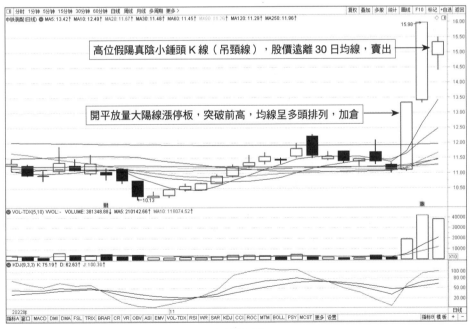

▲ 圖 2-67

根假陽真陰小錘頭 K 線，成交量較前一交易日萎縮，明顯是主力機構利用大幅開低、盤中震盪盤整的操盤手法，打壓股價而展開出貨。

此時股價遠離 30 日均線且漲幅較大，KDJ 等部分技術指標開始走弱，盤面的弱勢特徵已經顯現。投資人當天如果還有籌碼沒出完，次日應逢高賣出。

重點整理

學會多波次封漲停板的選股技巧

- 越少波次上衝封上漲停板的個股,股性越強;越多波次上衝封漲停的個股,股性較弱。

- 實戰操盤中,在多波次接力封上漲停板個股的選擇上,投資人最好選擇早盤開高或開平、2至3個波次快速上衝封板且在早盤時間內封板的個股。這種目標股票的主力機構實力較強、有想法,投資人短期可看多做多。

【實戰範例】

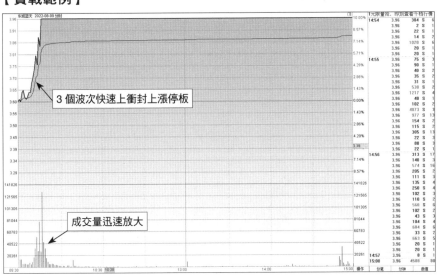

第 **3** 章

K 線圖教你
該買或該賣的紀律法則，
還能避開主力陷阱！

　　強勢漲停K線型態，是指發生在個股啟動上漲行情，或持續上漲行情中由漲停板所形成的強勢K線型態。該K線型態個股由主力行為主導、市場做多力量配合，所形成的漲停板對股價回落有較強的支撐作用，是啟動上漲行情或拉升行情極具實戰價值的強勢K線型態。

　　本章我們重點研究分析實戰操盤中，個股啟動上漲或持續上漲行情所形成的一字漲停、T字漲停和普通漲停K線型態。由於個股在下跌途中或下降通道中出現的漲停，不屬於強勢漲停K線型態範疇，本書就不作研究分析了。

3-1

主力早就預知利多，用圖看懂提前拉抬的 K 線型態

一字漲停 K 線型態顯然是最強勢、最重要的 K 線技術型態，當然也是主力機構提前預知利多，經由精心謀劃運作拉出來的漲停 K 線型態。

3-1-1　這種一字漲停 K 線型態，可追漲！

低位或相對低位的一字漲停 K 線型態，可以分為初期突然啟動的一字漲停 K 線型態，和中繼加速的一字漲停 K 線型態。

實戰操盤中，一字漲停 K 線型態出現時機還是比較多的。主要以超跌反彈、中繼強勢上攻、重大利多消息突發所形成的一字漲停 K 線型態為主。

一字漲停 K 線型態是主力機構逐利的重要目標股票，也值得廣大散戶投資人追蹤關注、搶板，因為許多大牛股就是從一字漲停 K 線型態中走出來的。

對於一字漲停 K 線型態，投資人要特別留意。一是個股經過

長期下跌走出底部且抬頭向上，或者長期橫盤有突破態勢，從集合競價來看，個股開盤後有很高的機率出現一字漲停趨勢。膽子大的投資人可以在開盤時就直接以漲停價掛買單排隊，起碼能保證在時間上優先。如果漲停板開盤，委託買單很有可能在後來的零星交易中成交。

二是開盤之後發現個股一字漲停且是第一個一字漲停，可以直接掛買單排隊搶板，成交的機率雖然不太大，但可能性還是有的。三是對一字漲停後的第 2、3 個一字漲停板，仍採取在開盤時就直接以漲停價掛買單排隊等候的辦法，保證在時間上優先。

投資人對一字漲停 K 線型態也要小心操作，因為一字漲停後的次日並不一定繼續漲停或大漲，有時前一交易日一字漲停，次日不漲反跌，但只要沒有完全回補缺口，仍可謹慎持股。

圖 3-1 是 002219 新里程 2022 年 6 月 27 日收盤時的 K 線走勢圖，這是股價上漲途中出現的一字漲停 K 線型態。股價從前期最高價一路震盪下跌，至 2020 年 5 月 26 日的最低價 0.96 元止跌，下跌時間長、跌幅大。

2020 年 5 月 26 日股價止跌後，主力機構快速推升股價，收集籌碼，股價呈快速上漲（盤升）態勢。2021 年 12 月 3 日，該股開低衝高至當日最高價 4.51 元回落，收出一根螺旋槳陽 K 線，主力機構展開回檔洗盤行情。

2022 年 6 月 24 日，該股漲停開盤收出一字漲停板，突破前高，留下向上突破缺口，成交量較前一交易日大幅萎縮，形成一字漲停 K 線型態。漲停原因為「股權拍賣＋重整＋醫藥服務」概念炒作。從 K 線走勢來看，雖然該股前期展開過一大波上漲，但由於重大利

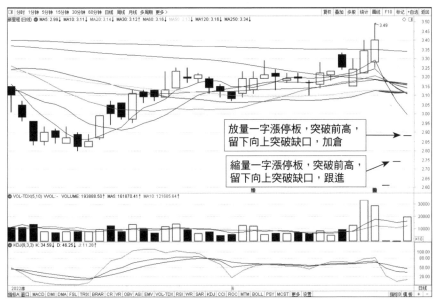

放量一字漲停板，突破前高，留下向上突破缺口，加倉

縮量一字漲停板，突破前高，留下向上突破缺口，跟進

▲ 圖 3-1

多消息的刺激，對於這種股價處於相對低位、成交量極度萎縮的一字漲停板，還是值得投資人搶板追進的。

　　2022 年 6 月 27 日該股漲停開盤，收出一字漲停板，突破前高，留下向上突破缺口，成交量較前一交易日大幅放大，形成向上突破缺口和一字漲停 K 線型態。投資人可以當日搶板，或次日以漲停價掛買單排隊等候買進，然後持股待漲，待股價出現明顯見頂訊號時再賣出。

　　圖 3-2 是 002219 新里程 2022 年 6 月 27 日收盤時的分時走勢圖。從分時走勢來看，當日該股漲停開盤後，成交量呈無量狀態。10:50 開始，千（萬）張以上大賣單開始陸續成交，分時盤面底部的成交量柱呈間斷式放量狀態至收盤。

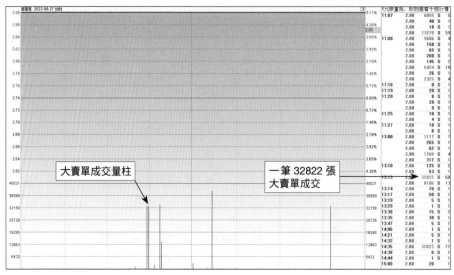

大賣單成交量柱

一筆 32822 張
大賣單成交

▲ 圖 3-2

　　但從分時盤面底部的成交量柱和右邊的成交明細來看，萬張以上大賣單成交的筆數還是比較多的。投資人如果當日以漲停價掛買單排隊等候買進，應該有希望成交。當日沒有成交也沒關係，投資人仍可在次日以漲停價掛買單排隊等候買進。

　　圖 3-3 是 002219 新里程 2022 年 7 月 6 日收盤時的 K 線走勢圖。從該個股的 K 線走勢可以看出，6 月 24 日該股收出一個縮量一字漲停板之後，6 月 27 日又收出一個放量一字漲停板，突破前高，留下向上突破缺口，股價的強勢特徵相當明顯，此後主力機構展開向上拉升行情。

　　從拉升情況來看，6 月 27 日起主力機構依托 5 日均線，採取直線拉升、盤中洗盤、迅速拉高的操盤手法，急速向上拉升股價。至7 月 6 日，連續拉出 7 個漲停板，其中 6 個一字漲停板、1 個長下影

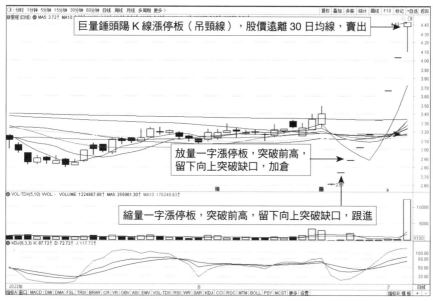

▲ 圖 3-3

線陽線漲停板，漲幅還是相當可觀的。

　　7 月 6 日該股大幅開高（向上跳空 8.68% 開盤），收出一個長下影線錘頭陽 K 線漲停板，成交量較前一交易日放大 54 倍，顯露出主力機構採取大幅開高、高位震盪、漲停誘多的操盤手法，引誘跟風盤進場而大量出貨的跡象。此時，股價遠離 30 日均線且漲幅較大，KDJ 等部分技術指標開始走弱，盤面的弱勢特徵已經顯現。投資人當天如果還有籌碼沒出完，次日應逢高賣出。

　　圖 3-4 是 002219 新里程 2022 年 7 月 6 日收盤時的分時走勢圖。可以看到當日該股大幅開高（向上跳空 8.68% 開盤），股價急速回落，成交量迅速放大，股價跌破分時均價線展開橫盤震盪盤整行情，於 10:53 封上漲停板，至收盤漲停板沒有打開。

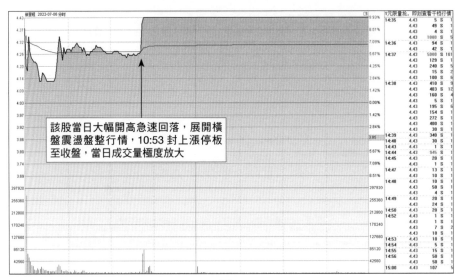

▲ 圖 3-4

　　從盤面來看，該股開盤後急速回落展開橫盤震盪盤整行情時間較長，封板時間較晚，明顯是主力機構利用大幅開高、高位震盪、漲停板誘多等操盤手法，引誘跟風盤進場而展開出貨，分時盤面弱勢特徵已經顯現。投資人當天如果還有籌碼沒出完，次日應逢高賣出。

　　圖 3-5 是 002622 皓宸醫療 2021 年 5 月 18 日收盤時的 K 線走勢圖，這是股價上漲途中出現的一字漲停 K 線型態。該股在 2015 年年初有過一波大漲，然後一路震盪下跌，下跌時間長、跌幅大。

　　2021 年 2 月 9 日股價止跌後，主力機構快速推升股價，收集籌碼，然後展開橫盤震盪洗盤（挖坑）行情，K 線走勢紅多綠少、紅肥綠瘦。

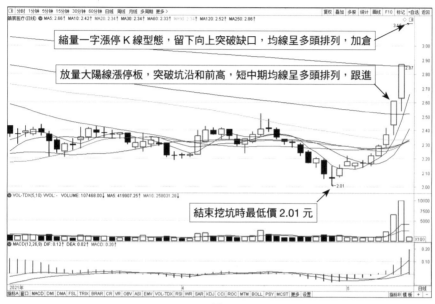

▲ 圖 3-5

　　4 月 16 日該股開平，股價衝高至當日最高價 2.52 元回落，收出一根長上影線倒錘頭陽 K 線，主力機構展開挖坑洗盤行情。4 月 29日該股開低，收出一顆陰十字星，股價下探至當日最低價 2.01 元止跌，挖坑洗盤行情結束。此後主力機構開始向上推升股價，投資人也可以開始逢低買入籌碼。

　　5 月 14 日、17 日，該股連續收出 2 個放量大陽線漲停板，股價的強勢特徵已經相當明顯，投資人可以積極進場買入籌碼。

　　5 月 18 日該股漲停開盤，收出一個一字漲停板，突破前高，留下向上突破缺口，成交量較前一交易日大幅萎縮，形成向上突破缺口和一字漲停 K 線型態，漲停原因為「擬收購＋口腔連鎖＋金融科技」概念炒作。

　　此時均線呈多頭排列，MACD、KDJ等技術指標走強，股價的強勢特徵非常明顯，後市持續快速上漲的機率大。投資人可以當日搶板，或次日以漲停價掛買單排隊等候買進，然後持股待漲，待股價出現明顯見頂訊號時再賣出。

　　圖3-6是002622皓宸醫療2021年5月18日開盤後至9:32的分時圖。從分時圖上來看，該股雖然是漲停開盤，但盤面右邊的成交明細上顯示的成交量還是非常大的，投資人只要是在早盤集合競價一開始，就直接以漲停價掛買單排隊等候買進，應該都能成交。一直到下午收盤，成百上千張的賣單還是成交了不少，哪怕是上午早些時候掛買單排隊的投資人，同樣有希望買進。

▲ 圖3-6

圖 3-7 是 002622 皓宸醫療 2021 年 6 月 1 日收盤時的 K 線走勢圖，可以看出 5 月 18 日，該股收出一個縮量一字漲停板，突破前高，留下向上突破缺口，股價的強勢特徵相當明顯，此後主力機構展開向上拉升行情。

從拉升情況來看，5 月 18 日起主力機構依托 5 日均線，採取直線拉升、盤中洗盤、迅速拉高的操盤手法，急速向上拉升股價。5 月 25 日連續收出 6 個漲停板，其中 4 個一字漲停板、一個 T 字漲停板，1 個大陽線漲停板。5 月 26 日主力機構洗盤整理一個交易日，27 日開高收出一根大陽線（收盤漲幅 4.63%），股價的強勢特徵依舊。投資人可以在當日收盤前或次日擇機進場，逢低加碼。隨後主力機構又連續拉出 3 個漲停板，其中 1 個一字板、2 個 T 字板。

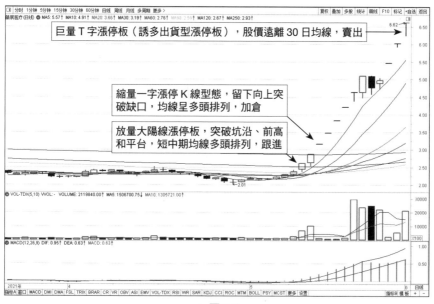

▲ 圖 3-7

6月1日該股漲停開盤，收出一個長下影線T字漲停板（高位T字板是主力機構為了掩護高位出貨，而拉出的漲停誘多K線），當日成交量較前一交易日放大近4倍，顯露出主力機構採取漲停開盤、反覆打開封回漲停板等操盤手法，引誘跟風盤進場而大量出貨的跡象。此時，股價遠離30日均線且漲幅大，KDJ等部分技術指標開始走弱，盤面的弱勢特徵已經顯現。投資人當天如果還有籌碼沒出完，次日應逢高賣出。

圖3-8是002622皓宸醫療2021年6月1日收盤時的分時走勢圖，可以看出當日該股漲停開盤後，股價瞬間回落，成交量迅速放大。股價回落至6.36元左右（漲幅5.70%左右）急速勾頭向上，於9:37封回漲停板，9:40漲停板再次被連續萬張以上的大賣單打開，此後漲停板封回、打開反覆多次，10:35封回漲停板，至收盤漲停

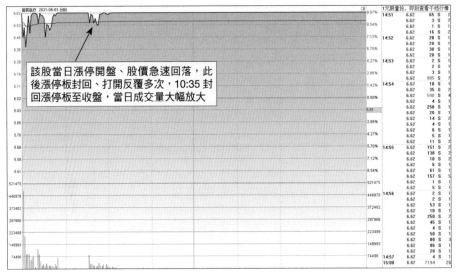

▲ 圖3-8

板沒再打開。

　　從盤面來看，該股開盤後股價急速回落、漲停板反覆打開、封回多次，成交量較前一交易日大幅放大，明顯是主力機構採取漲停開盤、反覆打開封回漲停板、撤換買一位置買單等操盤手法，引誘跟風盤進場而展開大量出貨，分時盤面弱勢特徵已經顯現。投資人當天如果還有籌碼沒出完，次日應逢高賣出。

　　圖 3-9 是 000820 神霧節能 2022 年 8 月 18 日收盤時的 K 線走勢圖。這是股價在中期橫盤震盪洗盤整理之後出現的一字漲停 K 線型態，可以看出該股 2021 年 5 月中旬前有過一波大漲，股價從 2021 年 2 月 9 日的最低價 1.09 元，一路上漲至 2021 年 5 月 14 日的最高價 5.27 元，然後主力機構展開大幅橫盤震盪洗盤行情，高賣低買與

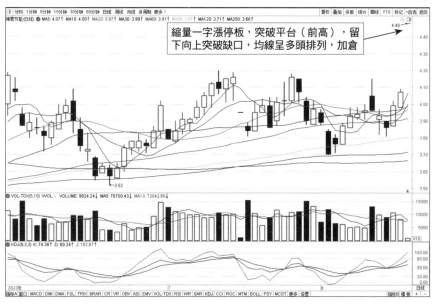

▲ 圖 3-9

洗盤吸籌並舉。

2022年8月18日（橫盤震盪洗盤整理行情持續1年多後），該股漲停開盤，收出一個一字漲停板，突破平台（前高），快速脫離成本區，當日成交量較前一交易日大幅萎縮（一字漲停的原因），留下向上突破缺口，形成向上突破缺口和一字漲停K線型態，漲停原因為「摘帽＋環保」概念炒作。此時均線呈多頭排列，MACD、KDJ等技術指標開始走強，股價的強勢特徵已經顯現，後市快速上漲的機率大。投資人可以當日搶板或次日擇機進場加碼，持股待漲，待股價出現明顯見頂訊號時賣出。

圖3-10是000820神霧節能2022年8月18日收盤時的分時走勢圖。從分時走勢來看，該股當日漲停開盤，開盤後的成交量比較小，說明主力機構一年多的橫盤震盪洗盤整理行情效果明顯，主力

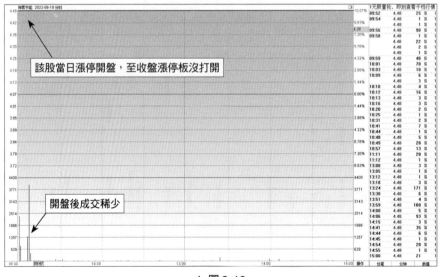

▲ 圖3-10

機構控盤比較到位。當日開盤時就直接以漲停價掛買單排隊等候的投資人，成交的可能性不大，不過仍可以在次日集合競價時擇機掛單買進。

　　圖 3-11 是 000820 神霧節能 2022 年 8 月 24 日收盤時的 K 線走勢圖，可以看出 8 月 18 日，該股收出一個縮量一字漲停板，突破平台（前高），留下向上突破缺口，形成向上突破缺口和一字漲停 K 線型態。均線呈多頭排列，股價的強勢特徵相當明顯，此後主力機構展開拉升行情。

　　從拉升情況來看，8 月 18 日起主力機構依托 5 日均線，採取直線拉升、盤中洗盤、迅速拉高的操盤手法，快速向上拉升股價。至 8 月 24 日連續收出 5 個漲停板，其中 1 個一字漲停板、2 個大陽線

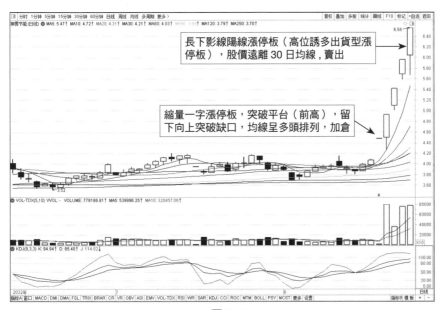

▲ 圖 3-11

漲停板、2個長下影線陽線漲停板，漲幅還是比較大的。

8月24日該股開高，收出一個長下影線陽線漲停板（高位誘多出貨型漲停板），成交量較前一交易日放大，顯露出主力機構採取開高、盤中震盪、漲停誘多的操盤手法，引誘跟風盤進場而出貨的跡象。此時股價遠離30日均線且漲幅較大，KDJ等部分技術指標開始走弱，盤面的弱勢特徵已經顯現。投資人當天如果還有籌碼沒出完，次日應逢高賣出。

圖3-12是000820神霧節能2022年8月24日收盤時的分時走勢圖，當日該股開高，股價衝高回落，成交量迅速放大，股價跌破前一交易日收盤價後展開震盪盤整行情。10:05向上穿過前一交易日收盤價後，再次展開震盪盤整行情。10:34封上漲停板至收盤，漲停板沒有被打開。

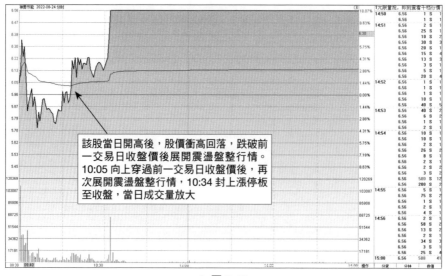

該股當日開高後，股價衝高回落，跌破前一交易日收盤價後展開震盪盤整行情。10:05向上穿過前一交易日收盤價後，再次展開震盪盤整行情，10:34封上漲停板至收盤，當日成交量放大

▲ 圖3-12

從盤面來看，該股開盤後股價衝高快速回落，穿過分時均價線和前一交易日收盤價後展開震盪盤整行情。之後股價向上穿過前一交易日收盤價後，再次展開震盪盤整行情。2 次震盪盤整行情的時間較長，成交量放大，明顯是主力機構利用開高回落、盤中震盪盤整、漲停誘多等手法，引誘跟風盤進場而展開出貨，分時盤面弱勢特徵已經顯現。投資人當天如果還有籌碼沒出完，次日應逢高賣出。

3-1-2　這種一字漲停 K 線型態，小心見頂訊號！

對於股價已到達高位或相對高位的一字漲停板，投資人一定要特別留意，謹慎操盤。

（一）連續一字漲停板後，展開回檔洗盤

一般情況下，受重大利多消息刺激，連續一字漲停板之後，主力機構會展開回檔洗盤，回檔洗盤到位後再展開最後的拉升行情。此時，主力機構拉升的目的是拉出出貨空間，然後展開快速出貨，或邊拉邊出，或打壓出貨。投資人如果在股價回檔到位後進場買入籌碼，待股價出現明顯見頂訊號時要立馬賣出。

圖 3-13 是 000595 寶塔實業 2022 年 6 月 6 日收盤時的 K 線走勢圖。這是股價在連續拉出縮量一字漲停板之後，主力機構展開整理洗盤，然後再展開最後拉升行情的案例，可以看出此時該股處於上升趨勢。

2020年5月15日股價止跌後，主力機構展開大幅震盪盤升（挖坑）洗盤吸籌行情，高賣低買與洗盤吸籌並舉。

2022年5月18日（大幅震盪盤升行情持續2年之後），該股開低，收出一個大陽線漲停板，突破前高，成交量較前一交易日放大2倍多，形成大陽線漲停K線型態。當日股價向上突破5日、10日、20日、30日、60日、90日和120日均線（一陽穿7線），250日均線在股價下方向上移動，均線出現蛟龍出海型態。

此時均線呈多頭排列，MACD、KDJ等各項技術指標開始走強，股價的強勢特徵已經顯現，後市上漲的機率大，投資人可以當日或次日進場逢低買進籌碼。5月19日、20日和23日，主力機構連續強勢整理3個交易日，收出2顆陽十字星和一根小陽線，成交

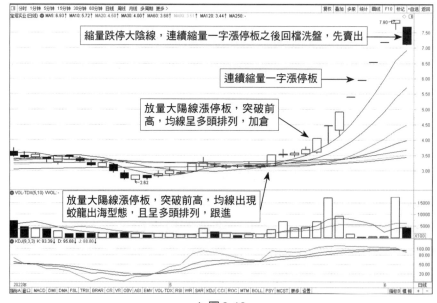

▲ 圖3-13

量呈萎縮狀態，正是投資人進場買入籌碼的好時機。

　　5 月 24 日該股開低，收出一個大陽線漲停板，漲停原因為「軍工＋消磁設備＋軸承＋風電」概念炒作，突破前高，成交量較前一交易日明顯放大，形成大陽線漲停 K 線型態。此時均線呈多頭排列，MACD、KDJ 等各項技術指標走強，股價的強勢特徵已經十分明顯，後市持續上漲的機率大。投資人可以當日或次日進場逢低買進籌碼，之後主力機構快速向上拉升股價。

　　從拉升情況來看，5 月 25 日起主力機構採取直線拉升連續逼空的操盤手法，一口氣拉出 7 個漲停板，其中 1 個 T 字漲停板、1 個大陽線漲停板、4 個一字漲停板和 1 個小陽線漲停板，漲幅巨大。

　　2022 年 6 月 6 日該股大幅開低，收出一個大陰線跌停板，成交量較前一交易日大幅萎縮，主力機構展開連續縮量（一字）漲停之後的回檔洗盤行情，回檔洗盤其間，成交量呈逐漸萎縮狀態。回檔洗盤展開後，投資人應該先賣出手中籌碼，待回檔洗盤到位後再將籌碼接回來。

　　圖 3-14 是 000595 寶塔實業 2022 年 8 月 18 日收盤時的 K 線走勢圖。可以看出由於利多消息刺激，5 月 25 日起主力機構一口氣拉出 7 個漲停板。2022 年 6 月 6 日，該股大幅開低收出一個縮量大陰線跌停板，主力機構展開連續縮量（一字）漲停之後的回檔洗盤行情，此時投資人應該先賣出手中籌碼。回檔洗盤其間，成交量呈逐漸萎縮狀態。

　　7 月 20 日該股開平，收出一個大陽線漲停板，成交量較前一交易日明顯放大，形成大陽線漲停 K 線型態。股價向上突破 5 日、10 日、20 日和 30 日均線（一陽穿 4 線），60 日、90 日、120 日和 250

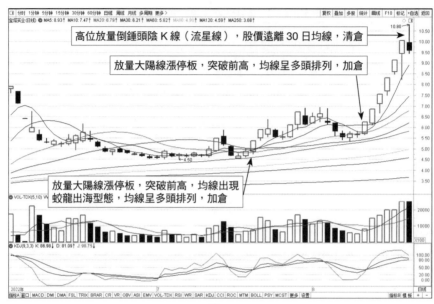

▲ 圖 3-14

日均線在股價下方向上移動，均線蛟龍出海型態形成，回檔洗盤行情結束。

此時均線呈多頭排列（除5日、30日均線外），MACD、KDJ等技術指標開始走強，股價的強勢特徵開始顯現，後市上漲機率大。投資人可以在當日或次日進場加碼，待股價出現明顯見頂訊號時再賣出，之後主力機構開始向上拉升股價。

從拉升情況來看，主力機構依托5日均線，採取邊拉邊洗的操盤手法展開上漲行情。8月3日開始展開縮量回檔洗盤行情，5個交易日的時間股價跌（刺）破20日均線很快拉回。8月10日該股開高，收出一個大陽線漲停板，成交量較前一交易日大幅放大，股價收回到5日和10日均線上方，回檔洗盤結束，此時投資人可以

進場加碼。

　　之後主力機構展開一波快速拉升行情，形成加速上漲的誘多走勢，從 8 月 11 起，主力機構連續拉出 5 個大陽線漲停板，漲幅巨大。在主力機構快速拉升後期，投資人一定要注意盯盤追蹤，並思考何時逢高賣出的問題。

　　8 月 18 日該股開低，股價衝高回落，收出一根長上影線倒錘頭陰 K 線（高位倒錘頭 K 線，又稱射擊之星或流星線）。成交量較前一交易日放大，顯示股價上漲乏力，主力機構盤中拉高股價的目的是展開震盪整理出貨（其實前一交易日該股收出一個放量長下影線錘頭陽 K 線漲停板當日，投資人就可以在尾盤漲停反覆打開時逢高賣出手中籌碼）。此時股價遠離 30 日均線且漲幅大，KDJ 等部分技術指標已經走弱，盤面的弱勢特徵顯現。投資人如果當天手中還有籌碼沒有出完，次日應該逢高清倉，後市看跌。

（二）連續一字漲停板後，展開震盪盤升

　　對於主力機構連續拉出 5 個（含 5 個）以上一字漲停板的個股，此時出現進場機會，投資人也可以適當買入部分籌碼，謹慎持股、小心操盤。

　　因為主力機構倉位重，前期連續一字漲停板，主力機構手中籌碼一時半會出不完，後期股價還會震盪盤升（經由展開震盪盤升掩護出貨，邊拉邊出），甚至拉出漲停板。投資人跟進後一定要注意盯盤，待股價出現明顯見頂訊號時立馬出局。

　　圖 3-15 是 000815 美利雲 2022 年 2 月 28 日收盤時的 K 線走勢圖，這是股價在連續拉出 5 個（含 5 個）以上一字漲停板後，出現

進場機會的實戰案例。可以看出此時該股處於上升趨勢，股價從前期相對高位一路震盪下跌，下跌時間長、跌幅大，下跌其間有多次反彈，且反彈幅度較大。

2021年2月8日股價止跌後，主力機構快速推升股價，收集籌碼，然後展開大幅震盪盤升（挖坑）洗盤整理行情，高賣低買與洗盤吸籌並舉，K線走勢紅多綠少，股價走勢呈上升趨勢。大幅震盪盤升（挖坑）洗盤整理其間，成交量呈間斷性放大狀態，其間主力機構拉出過10個漲停板，多數為吸籌建倉型漲停板。

2022年2月18日（大幅震盪盤升行情持續1年之後），該股漲停開盤，收出一個一字漲停板，漲停原因為「東數西算＋大資料」概念炒作。突破前高，留下向上突破缺口，成交量較前一交易

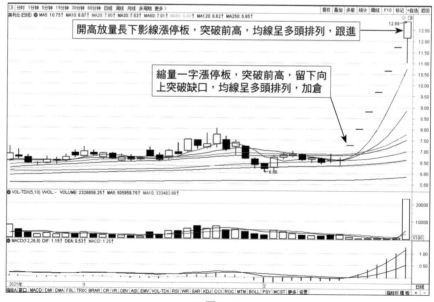

▲ 圖 3-15

日大幅萎縮，形成向上突破缺口和一字漲停 K 線型態。

此時均線呈多頭排列，MACD、KDJ 等技術指標開始走強，股價的強勢特徵開始顯現，後市持續快速上漲的機率大。投資人可以當日搶板，或次日以漲停價掛買單排隊等候加倉買進，之後主力機構快速向上拉升股價。

從拉升情況來看，主力機構依托 5 日均線，採取直線拉升連續逼空的操盤手法，一口氣拉出 6 個一字漲停板（含 2 月 18 日的一字漲停板），漲幅巨大。

2022 年 2 月 28 日該股大幅開高（向上跳空 3.67% 開盤），收出一個長下影線錘頭陽 K 線漲停板，成交量較前一交易日放大 26 倍多，獲利籌碼得到大幅釋放。但由於主力機構籌碼量大，一時半出不完，後期主力機構還有一個艱難的出貨過程，一般會經由震盪盤升來掩護出貨。

此時均線呈多頭排列，MACD、KDJ 等技術指標強勢，股價的強勢特徵仍然十分明顯。膽子大的投資人，完全可以當日或次日進場逢低買入籌碼，待股價出現明顯見頂訊號時賣出。

圖 3-16 是 000815 美利雲 2022 年 3 月 15 日收盤時的 K 線走勢圖，可以看出，這是前面交易日已經連續收出 6 個一字漲停板的 K 線型態。2 月 28 日該股大幅開高，收出一個巨量長下影線錘頭陽 K 線漲停板，均線呈多頭排列，MACD、KDJ 等技術指標強勢，股價的強勢特徵仍然十分明顯。之後主力機構展開震盪盤升行情，掩護出貨。

從股價盤升情況來看，主力機構一邊推升股價、一邊出貨。2 月 28 日至 3 月 15 日，11 個交易日的時間收出 6 根陽線，其中有 3

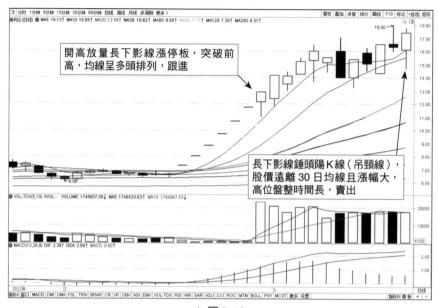

開高放量長下影線漲停板,突破前高,均線呈多頭排列,跟進

長下影線錘頭陽K線(吊頸線),股價遠離30日均線且漲幅大,高位盤整時間長,賣出

▲ 圖 3-16

個大陽線漲停板(漲停誘多)。股價從 2 月 28 日收出一個巨量長下影線錘頭陽 K 線漲停板,當日收盤價 12.89 元,至 3 月 15 日收出一根縮量錘頭陽 K 線。當日收盤價 17.42 元,漲幅還是不錯的。

3 月 15 日收出一個長下影線錘頭陽 K 線,成交量較前一交易日萎縮,加上前一交易日收出的長上影線陰十字星,顯示出主力機構手中的籌碼已經出得差不多。此時股價遠離 30 日均線且漲幅大,加上股價高位盤整時間較長,MACD、KDJ 等技術指標開始走弱,盤面的弱勢特徵已經顯現。投資人當天如果還有籌碼沒出完,次日應逢高賣出。

（三）一字漲停板之後，主力機構直接出貨

對於前期股價漲幅較大或已經拉出多個漲停板（包括陽線漲停板、一字漲停板或 T 字漲停板），股價已處於高位或相對高位，主力機構再次拉出一字漲停板的個股，意味股價即將見頂風險來臨，投資人不可盲目進場。

圖 3-17 是 002370 亞太藥業 2022 年 1 月 6 日收盤時的 K 線走勢圖，可以看出此時個股處於上升趨勢。股價從前期相對高位一路震盪下跌，下跌時間較長、跌幅大。

此後，主力機構展開大幅震盪盤升（挖坑）洗盤吸籌行情，高賣低買賺取差價與洗盤吸籌並舉，成交量呈間斷性放大狀態。其間主力機構拉出過 11 個漲停板，多數為吸籌建倉型漲停板。

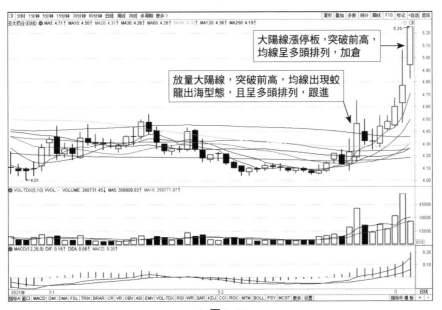

▲ 圖 3-17

　　2021年12月27日（大幅震盪盤升行情近1年），該股開低，收出一個大陽線（收盤漲幅5.44%），突破前高，成交量較前一交易日放大2倍多。股價向上突破5日、30日、60日、90日和120日均線（一陽穿5線），10日、20日和250日均線在股價下方向上移動，均線蛟龍出海型態形成。此時均線呈多頭排列（除120日均線外），MACD、KDJ等技術指標開始走強，股價的強勢特徵開始顯現，後市上漲機率大，投資人可以開始進場，逢低分批買入籌碼。

　　2022年1月6日該股大幅開高（向上跳空3.56%開盤），收出一個大陽線漲停板，漲停原因為「幽門螺桿菌＋醫藥」概念炒作。突破前高，成交量較前一交易日大幅萎縮（漲停原因），形成大陽線漲停K線型態。此時均線呈多頭排列，MACD、KDJ等技術指標已經走強，股價的強勢特徵顯現，後市持續快速上漲的機率大。投資人可以當日搶板，或次日以漲停價掛買單排隊等候加倉買進。

　　圖3-18是002370亞太藥業2022年1月13日收盤時的K線走勢圖，可以看出2022年1月6日，該股大幅開高收出一個縮量大陽線漲停板，突破前高，形成大陽線漲停K線型態。均線呈多頭排列，股價的強勢特徵相當明顯，此後主力機構快速向上拉升股價。

　　從拉升情況來看，主力機構依托5日均線，採取直線拉升連續逼空的操盤手法，一口氣拉出5個漲停板（含1月6日的大陽線漲停板），其中2個大陽線漲停板、3個一字漲停板，漲幅較大。1月12日收出的一字漲停板，已屬於高位一字漲停板，此時風險已經較大，投資人不可盲目進場。

　　1月13日該股漲停開盤，收出一根長下影線假陰真陽錘頭K線，收盤漲幅9.74%，成交量較前一交易日放大115倍多。顯示出

主力機構當日利用漲停誘多（漲停板反覆打開且打開時間長），已經賣出大量籌碼。

此時股價遠離 30 日均線且漲幅大，KDJ 等部分技術指標開始走弱，盤面的弱勢特徵已經顯現。投資人當天如果還有籌碼沒出完，次日應逢高賣出。

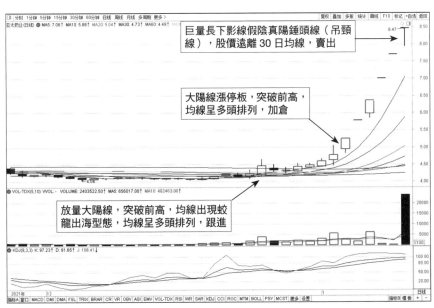

▲ 圖 3-18

重點整理

了解漲停K線買進原則1

- 一字漲停K線型態是主力機構提前預知利多，精心謀劃、運作拉出來的漲停K線型態。
- 實戰操盤中，一字漲停K線型態出現的時機比較多，是主力機構逐利的重要目標股票，許多大牛股就是從一字漲停K線型態中走出來的，值得散戶投資人關注和搶板。

【實戰範例】

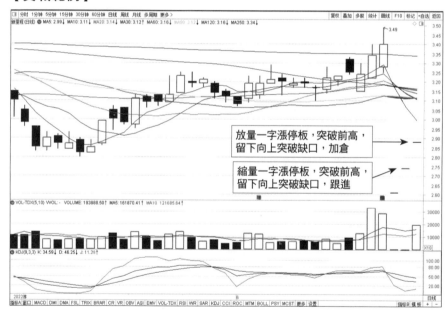

放量一字漲停板，突破前高，留下向上突破缺口，加倉

縮量一字漲停板，突破前高，留下向上突破缺口，跟進

3-2 開盤直接封漲停，打開後又封回的 K 線，該買嗎？

　　T 字漲停 K 線型態，是指個股當天以漲停價開盤，之後漲停板被大賣單打開（同一交易日內可能會反覆被打開多次），分時價格線上留下缺口（坑），最後再封回漲停板的 K 線型態。

　　T 字漲停 K 線型態也是非常強勢的 K 線技術型態，同樣是由主力機構起主導或牽引而形成的 K 線型態。只有主力機構潛伏在其中的個股，才能開盤就直接封停，盤中打開後又能夠繼續封回。

3-2-1　這類 T 字漲停 K 線型態，你該積極買進

　　低位或相對低位出現的 T 字漲停 K 線型態，一般是主力機構震倉洗盤（也有的是試盤），清洗前期獲利盤或套牢盤，減輕賣壓，為後市拉升做準備的洗盤吸籌行為所形成。

　　由主力機構洗盤吸籌行為而形成的 T 字漲停 K 線型態，一般有兩種情況。一是受突發利多刺激，個股連續拉出一字漲停板之後，在某個交易日開盤一字封停的情況下，主力機構自己用大賣持股，

目的是嚇唬散戶，將低位買入的籌碼交出來，同時拉高市場成本，以便後市能夠輕鬆拉升獲利。這種T字漲停K線型態是一種上漲中繼型態，也是最常見的一種K線型態。

二是個股已有一定漲幅，同樣受突發利多影響，在某個交易日漲停開盤，然後被大賣單砸盤，很快再封回漲停板，形成T字漲停K線型態。這種情況有可能是主力機構高賣低買、震倉洗盤減輕賣壓、拉高市場成本，目的也是為後市拉升做準備。

實戰操盤中如果大盤情況較好，前面已有一到兩個漲停板的上漲初期出現的T字漲停板，投資人可以積極進場買入籌碼。3個以下連續一字板（如一字板前還有陽線漲停板的就要特別注意）之後的第一個放量T字板，一般是主力機構震倉洗盤的T字板，投資人也可以在當天收盤前或次日視情況進場，逢低買入籌碼。

圖3-19是688247宣泰醫藥2022年12月8日時的K線走勢圖，可以看出此時個股整體處於上升趨勢。該股2022年8月25日上市，由於當時大盤疲軟（處於下跌趨勢），當日15.80元開盤後回落（13.60元收盤），次日開始回檔洗盤。至2022年10月12日的最低價9.64元止跌，回檔洗盤時間不長，但下跌幅度較大。

2022年10月12日股價止跌後，主力機構快速推升股價，收集籌碼。11月15日該股開低，收出一根小陰線，主力機構展開回檔（挖坑）洗盤吸籌行情，成交量呈萎縮狀態。

12月7日該股漲停開盤，收出一個一字漲停板，漲停原因為「熊去氧膽酸＋CRO＋國企改革＋次新股」概念炒作。突破前高，留下向上突破缺口，成交量較前一交易日放大2倍多，形成向上突破缺口和一字漲停K線型態。

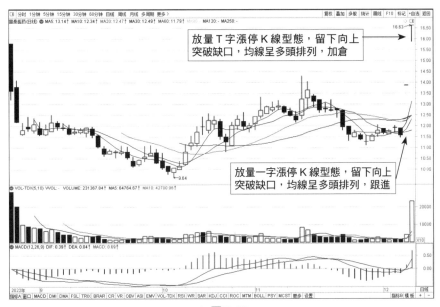

▲ 圖 3-19

此時均線呈多頭排列，MACD、KDJ 等技術指標開始走強，股價的強勢特徵已經相當明顯，後市持續快速上漲的機率大。投資人可以在當日搶板，或在次日以漲停價掛買單排隊等候加倉買進。

12 月 8 日該股漲停開盤，收出一個 T 字板，突破前高，成交量較前一交易日放大 5 倍多，再次留下向上突破缺口，形成向上突破缺口和 T 字漲停 K 線型態。雖然該股前一交易日已收出 1 個一字漲停板，但從該股 K 線走勢來看，股價處於低位，加上利多配合，有強烈的補漲需求，值得投資人積極追漲。

圖 3-20 是 688247 宣泰醫藥 2022 年 12 月 8 日收盤時的分時走勢圖，可以看出，該股早盤漲停開盤，10:06 千張以上大賣單開始，10:07 漲停板被打開，10:26 封回漲停板。11:06 漲停板再次被

打開，11:14封回漲停板至收盤。

漲停板第一次被打開的時間較長，成交量放得比較大，前期跟進的大部分投資人大概都被嚇跑了，第二次封回漲停板後至收盤沒有再打開。漲停板被打開的主要原因，應該是主力機構洗盤吸籌，再來是有部分前期進場的獲利籌碼出逃，還有部分被嚇跑而可能沒有獲利的投資人籌碼。

當日直接以漲停價掛買單排隊買進，以及開盤後直接追漲的投資人，應該都成交了。雖然直接以漲停價掛買單排隊買進的投資人，沒有買在當日的較低價位，但也不要太懊惱。因為從當日漲停板被打開，尤其是第二次被打開再封回的情況來看，成交量並不太大，回檔幅度也不深，股價強勢特徵依舊，後市快速上漲的機率大，投資人仍可在次日逢低買進籌碼。

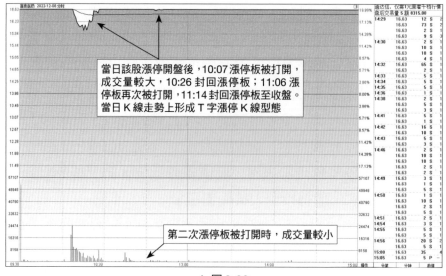

▲ 圖3-20

圖 3-21 是 688247 宣泰醫藥 2022 年 12 月 13 日收盤時的 K 線走勢圖，從該股 K 線走勢可以看出，因為「熊去氧膽酸＋CRO＋國企改革＋次新股」利多概念，主力機構於 12 月 7 日收出一個一字漲停板，12 月 8 日收出一個 T 字漲停板，形成 T 字漲停 K 線型態。

隨後主力機構於 12 月 9 日收出一根大陽線，12 月 12 日收出一個大陽線漲停板。可以看出，12 月 8 日的這種 T 字漲停 K 線型態，是主力機構卸壓加油、正式啟動拉升行情的 K 線型態。投資人可以重點關注這種個股累計漲幅不大、出現在拉升初期的 T 字漲停 K 線型態，快速分析後擇機進場買進。

12 月 13 日該股開高，股價衝高回落，收出一根螺旋槳陽 K 線（高位螺旋槳 K 線，又稱變盤線或轉勢線），成交量較前一交易日

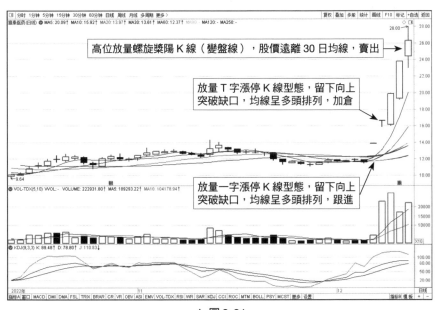

▲ 圖 3-21

明顯放大，顯露出主力機構利用開高、盤中拉高的操盤手法，吸引跟風盤進場而展開高位震盪出貨的痕跡。此時股價遠離 30 日均線且漲幅較大，KDJ 等部分技術指標開始走弱，盤面的弱勢特徵已經顯現。投資人當天如果還有籌碼沒出完，次日應逢高賣出。

圖 3-22 是 002560 通達股份 2023 年 1 月 13 日收盤時的 K 線走勢圖，可以看出此時該股處於上升趨勢，這也是股價處於上漲途中出現的 T 字漲停 K 線型態。股價從前期相對高位震盪下跌整理洗盤，下跌整理時間較長、幅度較大。其間有過多次反彈，且反彈幅度較大。

2022 年 4 月 27 日股價止跌後，主力機構快速推升股價，收集籌碼。5 月 11 日該股漲停開盤，收出一個一字漲停板，突破前高，成交量較前一交易日大幅放大，形成一字漲停 K 線型態。此時均線系統較弱（只有 5 日、10 日均線向上移動），但 MACD、KDJ 等技術指標開始走強，股價的強勢特徵顯現，投資人可以開始進場逢低買進。此後主力機構展開震盪盤升（挖坑）洗盤吸籌行情，成交量呈間斷性放大狀態。

2023 年 1 月 12 日該股漲停開盤，收出一個一字漲停板，漲停原因為「軍工＋大飛機＋智能電網」概念炒作。突破前高，留下向上突破缺口，成交量較前一交易日放大，形成向上突破缺口和一字漲停 K 線型態。此時均線呈多頭排列，MACD、KDJ 等技術指標走強，股價的強勢特徵已經相當明顯，後市持續快速上漲的機率大。投資人可以在當日搶板，或在次日以漲停價掛買單排隊等候加倉買進。

1 月 13 日該股漲停開盤，收出一個小 T 字板，突破前高，成交

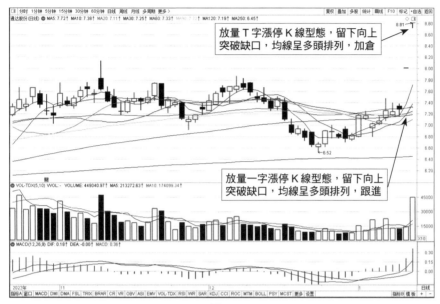

放量 T 字漲停 K 線型態，留下向上
突破缺口，均線呈多頭排列，加倉

放量一字漲停 K 線型態，留下向上
突破缺口，均線呈多頭排列，跟進

▲ 圖 3-22

量較前一交易日放大 3 倍多，再次留下向上突破缺口，形成向上突破缺口和 T 字漲停 K 線型態。此時均線呈多頭排列，MACD、KDJ 等技術指標走強，股價的強勢特徵非常明顯。雖然此時股價已有一定的漲幅，但正處於上升趨勢中，加上利多配合，後市持續快速上漲的機率大，值得投資人積極追漲。投資人可以當日搶板，或次日以漲停價掛買單排隊等候加倉買進。

圖 3-23 是 002560 通達股份 2023 年 1 月 13 日開盤後至 9:32 的分時圖。從分時走勢來看，該股當日漲停開盤，分時線上看不出漲停板有被打開的痕跡（坑）。但從 K 線走勢上看，卻能看出當日收盤收出的是一個小 T 字板。

從當日開盤後 2 分多鐘的分時圖來看，分時價格線上雖然看不

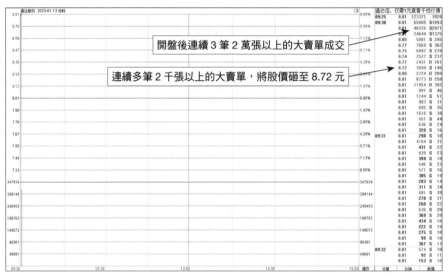

▲ 圖 3-23

出缺口，但從盤面右邊的成交明細可以看出，成交還是非常大，表示有前期進場的獲利盤賣出。成交明細顯示，剛開盤連續 3 筆 2 萬張以上的大賣單成交，且將股價由漲停價 8.81 元砸至 8.80 元，然後又有連續多筆 2 千張以上的大賣單將股價砸至 8.72 元。

投資人如果想在當日買進，只要一開始就直接以漲停價掛買單排隊等候，應該能夠成功。一直到下午收盤前，千張以上的成交還是不少的。當日換手率達到 9.98%，成交量較前一交易日大幅放大，只要是上午早些時候掛買單排隊的投資人，應該也有買進的希望。

圖 3-24 是 002560 通達股份 2023 年 1 月 20 日收盤時的 K 線走勢圖，可以看出，因為「軍工＋大飛機＋智慧電網」利多概念，主力機構於 1 月 12 日拉出一個一字漲停板，1 月 13 日拉出一個 T 字

漲停板，形成 Ｔ 字漲停 Ｋ 線型態。

隨後主力機展開快速拉升行情，至 1 月 19 日連續拉出 4 根陽線，其中 2 個漲停板（1 個 Ｔ 字漲停板和 1 個大陽線漲停板），4 天漲幅近 37%。可以看出，1 月 13 日的這種 Ｔ 字漲停 Ｋ 線型態，是主力機構卸壓加油、正式啟動拉升行情的 Ｋ 線型態。投資人可以特別留意這種股價處於上升趨勢中雖然有一定漲幅，但屬於主力機構拉升初期的 Ｔ 字漲停 Ｋ 線型態，快速分析後擇機買進。

1 月 20 日該股開低，股價衝高回落，收出一根螺旋槳陰 Ｋ 線，成交量較前一交易日萎縮，顯示股價上漲乏力。主力機構盤中拉高股價的目的，是展開震盪整理出貨。

此時股價遠離 30 日均線且漲幅較大，KDJ 等部分技術指標開

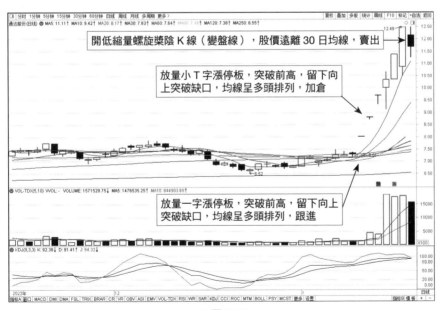

▲ 圖 3-24

始走弱，盤面的弱勢特徵已經顯現。投資人當天如果還有籌碼沒出完，次日應逢高賣出。

3-2-2　這類 T 字漲停 K 線型態，高手才進場

高位或相對高位的 T 字漲停 K 線型態，一般被認定為主力機構誘多出貨型漲停 K 線型態。因為在這種 T 字漲停板之前，主力機構已經拉出多個陽線漲停板或一字漲停板（包括 T 字漲停板），獲利豐厚，是主力機構拉升結束（或即將結束）的表現，也是股價即將見頂或已經見頂的象徵。這種 T 字漲停 K 線型態不是投資人的目標選擇，當然股市高手或膽子大的投資人除外，但進場買入也一定要慎之又慎。

實戰操盤中，投資人要注意的是高位 T 字漲停板，如果當日盤中打開的次數越多、時間越長、回檔幅度越深、成交量越大，可以確認是主力機構已經大量出貨，股價即將見頂或已經見頂。對於這種 T 字漲停板，投資人千萬不要再去碰，是一件非常危險的事情。

圖 3-25 是 000797 中國武夷 2022 年 11 月 24 日收盤時的 K 線走勢圖，可以看出此時該股處於上升趨勢。該股在 2022 年 4 月上旬前有過一波大漲，股價從 2021 年 11 月 8 日的最低價 2.34 元，上漲至 2022 年 4 月 8 日的最高價 5.70 元，然後主力機構展開下跌整理出貨（最初為急速下跌）。至 2022 年 10 月 31 日的最低價 2.51 元止跌，下跌整理時間雖然不是很長，但跌幅較大（股價基本上回到原點，即 2021 年 11 月上旬上漲之初），其間有過多次反彈，且反彈幅度較大。

　　2022 年 10 月 31 日股價止跌後，主力機構快速推升、收集籌碼。11 月 16 日該股開低收出一顆陰十字星，成交量較前一交易日大幅萎縮，主力機構展開洗盤吸籌行情，成交量呈逐漸萎縮狀態。

　　11 月 24 日開高收出一個大陽線漲停板，漲停原因為「房地產＋物業管理＋福建國資」概念炒作。突破前高（坑沿），留下向上突破缺口，成交量較前一交易日放大 5 倍多，形成向上突破缺口和大陽線漲停 K 線型態。當日股價向上突破 5 日、10 日、120 日和 250 日均線（一陽穿 4 線），20 日、30 日和 60 日均線在股價下方向上移動，90 日均線在股價下方下行，均線蛟龍出海型態形成。

　　此時均線呈多頭排列（除 90 日和 120 日均線外），MACD、KDJ 等技術指標走強，盤面的強勢特徵已經相當明顯，後市持續

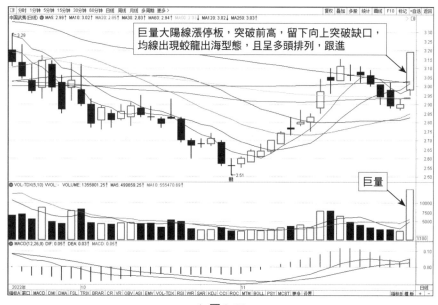

▲ 圖 3-25

快速上漲的機率大。投資人可以當日搶板，或次日集合競價時以漲
停價掛買單排隊等候買進，持股待漲，待股價出現明顯見頂訊號時
再賣出。

　　圖3-26是000797中國武夷2022年12月1日收盤時的K線走
勢圖，可以看出，由於「房地產＋物業管理＋福建國資」概念利多
刺激，11月24日該股收出一個巨量大陽線漲停板，突破前高，留
下向上突破缺口，形成向上突破缺口和大陽線漲停K線型態。均線
出現蛟龍出海型態，均線呈多頭排列，股價的強勢特徵相當明顯，
此後主力機構展開快速拉升行情。

　　從拉升情況來看，從11月25日起主力機構依托5日均線，採
取直線拉升、盤中洗盤、迅速拉高的操盤手法，急速向上拉升股

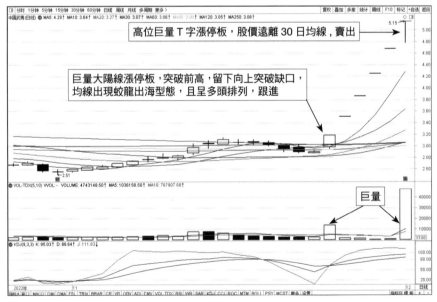

▲ 圖3-26

價。至 12 月 1 日，連續拉出 5 個漲停板，其中 4 個一字漲停板、1 個 T 字漲停板，漲幅相當可觀。

12 月 1 日該股漲停開盤，收出一個高位 T 字漲停板，是一種股價見頂轉勢訊號，當日成交量較前一交易日放大 54 倍多，顯露出主力機構採取漲停開盤、長時間開板、高位震盪等操盤手法，引誘跟風盤進場而大量出貨的跡象。此時，股價遠離 30 日均線且漲幅大，KDJ 等部分技術指標開始走弱，盤面的弱勢特徵開始顯現。投資人當天如果還有籌碼沒出完，次日要清倉。

圖 3-27 是 000797 中國武夷 2022 年 12 月 1 日收盤時的分時走勢圖。可以看出早盤該股漲停開盤，9:31 被連續 9 筆萬張（十萬手）大賣單打開，股價快速回落，成交量急速放大，之後股價展開高位震盪，其間多次封回或觸及漲停板後被打開。10:25 觸及漲停

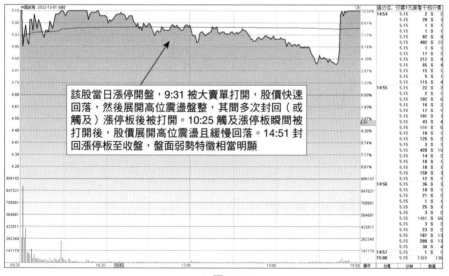

▲ 圖 3-27

板瞬間被打開後，股價展開高位震盪且緩慢回落，14:51 主力機構封回漲停板至收盤，當日成交量較前一交易日放大 54 倍多。

從分時盤面可以看出，當日漲停板開板時間長，尾盤才封回漲停板，漲停板封板結構非常弱，盤面弱勢特徵相當明顯。顯露出主力機構利用漲停開盤、高位震盪、尾盤封板的操盤手法，引誘跟風盤進場而展開大量出貨的痕跡。

圖 3-28 是 002835 同為股份 2023 年 1 月 20 日收盤時的 K 線走勢圖，可以看出此時該股處於上升趨勢。

11 月 11 日該股開高，股價衝高回落，收出一根長上影線大陰線，成交量較前一交易日放大，主力機構展開挖坑洗盤吸籌行情，成交量呈逐漸萎縮狀態。此時投資人可以先賣出手中籌碼，待主力

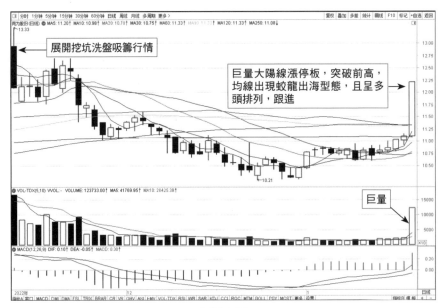

▲ 圖 3-28

機構回檔洗盤到位後，再將籌碼接回來。

2023 年 1 月 16 日該股開高，收出一根小陽線，成交量較前一交易日大幅放大，當日 10 日、20 日和 30 日均線黏合向上發散，投資人可以開始進場，逢低分批買進籌碼。

1 月 20 日該股開平，收出一個大陽線漲停板，漲停原因為「安防＋資料安全＋外銷」概念炒作。突破前高，成交量較前一交易日放大 5 倍多，形成大陽線漲停 K 線型態。

當日股價向上突破 5 日、60 日、90 日、120 日和 250 日均線（一陽穿 5 線），10 日、20 和 30 日均線在股價下方向上移動，均線出現蛟龍出海型態。此時均線呈多頭排列（除 250 日均線外），MACD、KDJ 等技術指標走強，盤面的強勢特徵相當明顯，快速上漲的機率大。投資人可以當日搶板，或次日以漲停價掛買單排隊等候買進，待股價出現明顯見頂訊號時再賣出。

圖 3-29 是 002835 同為股份 2023 年 2 月 3 日收盤時的 K 線走勢圖。可以看出 1 月 20 日該股收出一個巨量大陽線漲停板，突破前高，形成大陽線漲停 K 線型態。均線呈多頭排列，股價的強勢特徵相當明顯，此後主力機構展開快速拉升行情。

從拉升情況來看，1 月 30 日起主力機構依托 5 日均線，採取直線拉升、盤中洗盤、迅速拉高的操盤手法，急速向上拉升股價。至 2 月 3 日連續拉出 5 個漲停板，其中 4 個一字漲停板、1 個小 T 字漲停板，漲幅相當可觀。

2 月 3 日該股漲停開盤，收出一個高位小 T 字漲停板，是一種股價見頂轉勢訊號。當日成交量較前一交易日放大 52 倍多，顯露出主力機構採取漲停開盤、然後慢慢撤換買一位置買單或小單進大

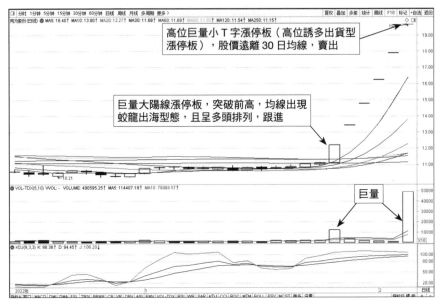

高位巨量小T字漲停板（高位誘多出貨型漲停板），股價遠離30日均線，賣出

巨量大陽線漲停板，突破前高，均線出現蛟龍出海型態，且呈多頭排列，跟進

巨量

▲ 圖 3-29

單出等操盤手法，維持買盤人氣，吸引跟風盤進場接盤，而展開大量出貨的跡象。

　　此時股價遠離30日均線且漲幅較大，KDJ等部分技術指標開始走弱，盤面的弱勢特徵開始顯現。投資人當天如果還有籌碼沒出完，次日要逢高清倉。

　　圖 3-30 是 002835 同為股份 2023 年 2 月 3 日收盤時的分時走勢圖。可以看出早盤該股漲停開盤，成交量急速放大，盤面連續出現10 多筆千張以上大賣單成交，從 13:52 開始又間斷性出現連續多筆千張以上大賣單成交，成交量快速放大。

　　由於大賣單砸板時間短（在 1 分鐘以內），且間斷性出現，所以我們看不到分時價格線上砸出的缺口（小坑）。但 K 線顯示當

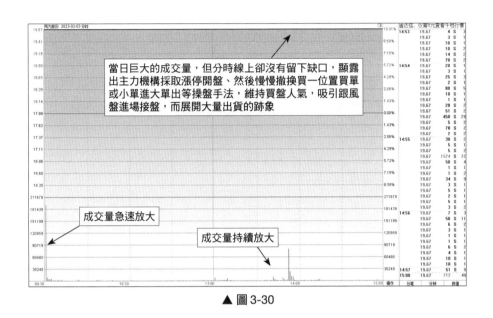

當日巨大的成交量，但分時線上卻沒有留下缺口，顯露出主力機構採取漲停開盤、然後慢慢撤換買一位置買單或小單進大單出等操盤手法，維持買盤人氣，吸引跟風盤進場接盤，而展開大量出貨的跡象

成交量急速放大

成交量持續放大

▲ 圖 3-30

日最低價跌到 19.55 元（漲停價為 19.67 元），這就給投資人造成一種漲停板沒有被打開，且封板結構好的錯覺，許多投資人因為這種錯覺，當日進場買入不少籌碼。

而當日巨大的成交量，較前一交易日放大 52 倍多，分時線上卻沒有留下缺口，顯露出主力機構採取漲停開盤、然後慢慢撤換買一位置買單或小單進大單出等操盤手法，維持買盤人氣，吸引跟風盤進場接盤，而展開大量出貨的跡象。因此對於高位（相對高位）的 T 字板（小 T 字板），投資人一定要慎重看待。

了解漲停 K 線買進原則 2

- T 字漲停 K 線型態，是指個股當天以漲停價開盤，之後漲停板被大賣單打開，分時價格線上留下缺口，最後再封回漲停板的 K 線型態。
- 只有主力機構潛伏在其中的個股，才能開盤就直接封停，盤中打開後又能夠繼續封回。
- 實戰操盤中如果大盤情況較好，前面已有一到兩個漲停板的上漲初期出現的 T 字漲停板，投資人可以積極買入籌碼。

【實戰範例】

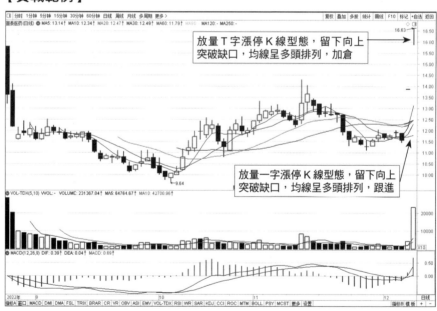

3-3

實戰中常見另外 3 種漲停 K 線，投資人別忽略

普通漲停 K 線型態，也可稱為「一般漲停」或「陽線漲停」或「實體漲停」K 線型態，是指除了一字漲停和 T 字漲停 K 線型態之外的其他漲停 K 線型態。

普通漲停 K 線型態同樣是非常強勢的重要 K 線技術型態，由主力機構主導或牽引形成。只有主力機構潛伏其中並籌劃和運作的個股，才能封上漲停板。實戰操盤中，比較常見的普通漲停 K 線型態，包括小陽線漲停、大陽線漲停和長下影線陽線漲停這 3 種 K 線型態。

3-3-1　小陽線漲停 K 線型態，會持續上漲

小陽線漲停 K 線型態，屬於普通漲停 K 線型態中最強勢的 K 線型態，一般來說，其漲停陽線實體部分的長度小於 5% 以下。

此型態是指個股當日大幅度跳空開高，開高幅度一般在 5% 以上，然後主力機構向上拉升股價，直至封上漲停板，至收盤漲停板

沒被打開，收盤後的陽線實體較短小。

小陽線漲停 K 線型態的主要特徵是開高幅度較大、封板速度較快，成交量和換手率較小，展現出主力機構及其他投資人看好該個股後市行情，預示強勢上升勢頭將持續。

實戰操盤中投資人需要特別注意的是，連續多個一字漲停板（T 字漲停板）之後的小陽線漲停板，或個股漲幅較大且處於相對高位的小陽線漲停板，一定要謹慎操作，以防被套。

圖 3-31 是 003023 彩虹集團 2022 年 9 月 22 日收盤時的 K 線走勢圖。2022 年 5 月 27 日股價止跌後，主力機構展開震盪盤升行情，洗盤吸籌並舉，K 線走勢紅多綠少、紅肥綠瘦，成交量呈間斷性放大狀態。

9 月 21 日該股開低，收出一個大陽線漲停板，漲停原因為「電熱毯＋家電＋消毒劑」概念炒作。突破前高，成交量較前一交易日大幅放大，形成大陽線漲停 K 線型態。當日股價向上突破 5 日、10 日、20 日、120 日和 250 日均線（一陽穿 5 線），30 日和 60 日均線在股價下方向上移動，90 日均線在股價下方下行，均線蛟龍出海型態形成。此時短中期均線呈多頭排列，MACD、KDJ 等技術指標開始走強，盤面的強勢特徵已經顯現，後市快速上漲的機率大。投資人可以當日搶板，或次日以漲停價掛買單排隊等候買進。

9 月 22 日由於上述的利多刺激，該股大幅開高（向上跳空 6.14% 開盤），收出一個小陽線漲停板，突破前高，留下向上突破缺口，成交量較前一交易日大幅萎縮（漲停的原因），形成向上突破缺口和小陽線漲停 K 線型態。此時均線呈多頭排列（除 120 日和 250 日均線外），MACD、KDJ 等技術指標走強，股價的強勢特

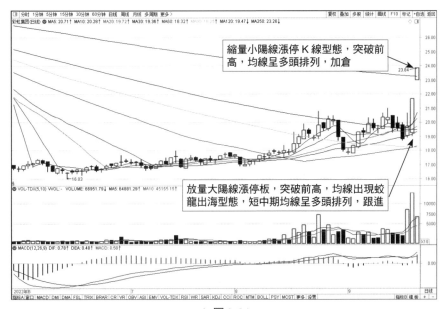

縮量小陽線漲停 K 線型態，突破前高，均線呈多頭排列，加倉

放量大陽線漲停板，突破前高，均線出現蛟龍出海型態，短中期均線呈多頭排列，跟進

▲ 圖 3-31

徵已經非常明顯，後市持續快速上漲的機率大。投資人可以當日搶板或次日擇機進場加碼，持股待漲。

　　圖 3-32 是 003023 彩虹集團 2022 年 9 月 22 日開盤後至 9:32 的分時圖，可以看出當日該股大幅開高，左上方為開市後大幅跳空開高的分時價格線，在 K 線走勢上形成小陽線漲停 K 線型態。盤面左下方為開盤後成交量迅速放大的量柱，右邊是 9:32 封上漲停板後 2 分鐘內的成交明細。

　　從封板情況來看，9:30 開盤後主力機構用一筆 20248 張的大買單將股價封停，此後成交逐漸萎縮。當日直接以漲停價掛買單排隊等候的投資人，成交的可能性不是太大。如果當日沒能成交也沒關係，還可以在次日進場加碼。

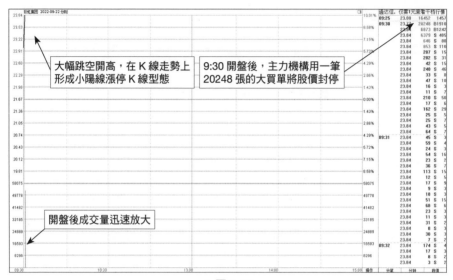

▲ 圖 3-32

　　圖 3-33 是 003023 彩虹集團 2022 年 10 月 14 日收盤時的 K 線走勢圖，可以看出 9 月 22 日該股大幅開高，收出一個縮量小陽線漲停板，突破前高，留下向上突破缺口，形成向上突破缺口和小陽線漲停 K 線型態。均線呈多頭排列，股價的強勢特徵相當明顯，此後主力機構展開快速拉升行情。

　　從拉升情況來看，9 月 23 日主力機構強勢整理了一個交易日，正是投資人進場買進籌碼的好時機。9 月 26 日起主力機構依托 5 日均線，採取直線拉升、盤中洗盤、迅速拉高的操盤手法，急速向上拉升股價。至 10 月 13 日，共 9 個交易日的時間拉出 8 根陽線，其中 6 個漲停板。股價從 9 月 23 日的收盤價 22.80 元，上漲至 10 月 13 日的收盤價 41.99 元，漲幅巨大。

　　10 月 14 日該股大幅開低（向下跳空 -4.98% 開盤），股價衝高

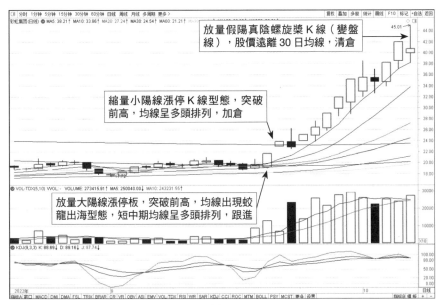

▲ 圖 3-33

回落，收出一根假陽真陰螺旋槳 K 線，成交量較前一交易日明顯放大，顯露出主力機構利用開低、盤中對敲拉高的操盤手法，吸引跟風盤進場而展開高位震盪出貨的痕跡。此時，股價遠離 30 日均線且漲幅大，KDJ 等部分技術指標開始走弱，盤面的弱勢特徵已經顯現。投資人當天如果還有籌碼沒出完，次日應該逢高清倉。

　　圖 3-34 是 003027 同興環保 2022 年 9 月 20 日收盤時的 K 線走勢圖，可以看出該股 2020 年 12 月 18 日上市（當日大盤疲軟），股價上漲至當日最高價 57.76 元，展開震盪下跌。至 2022 年 4 月 27 日的最低價 15.03 元止跌，下跌時間長、跌幅大，其間有過一次較大幅度的反彈。

　　2022 年 4 月 27 日股價止跌後，主力機構快速推升，收集籌

碼，然後展開震盪整理洗盤吸籌行情，K線走勢紅多綠少、紅肥綠瘦，成交量呈間斷性放（縮）量狀態，其間主力機構收出一個吸籌建倉型大陽線漲停板。

9月19日該股漲停開盤，收出一個一字漲停板，漲停原因為「簽署合作協定＋節能環保」概念炒作，突破前高，留下向上突破缺口，成交量較前一交易日放大，形成向上突破缺口和一字漲停K線型態。此時，均線呈多頭排列（除120日和250日均線外），MACD、KDJ等技術指標開始走強，盤面的強勢特徵已經顯現，後市快速上漲的機率大。投資人可以當日搶板，或次日以漲停價掛買單排隊等候買進。

9月20日由於上述的利多刺激，該股大幅開高（向上跳空

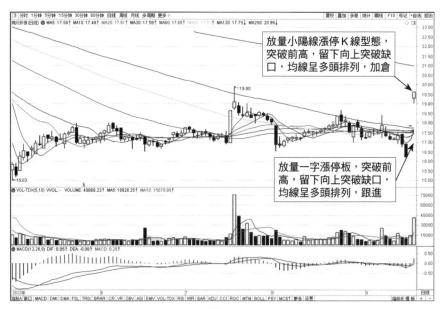

▲ 圖 3-34

8.19% 開盤），收出一個小陽線漲停板，突破前高，再次留下向上突破缺口，成交量較前一交易日大幅放大，形成向上突破缺口和小陽線漲停 K 線型態。此時均線呈多頭排列（除 120 日和 250 日均線外），MACD、KDJ 等技術指標走強，股價的強勢特徵已經非常明顯，後市持續快速上漲的機率大。投資人可以當日搶板，或次日以漲停價掛買單排隊等候加倉買進，然後持股待漲。

圖 3-35 是 003027 同興環保 2022 年 9 月 20 日開盤後至 9:32 的分時圖。可以看出當日該股大幅開高，左上方為開市後大幅跳空開高的分時價格線，在 K 線走勢上形成小陽線漲停 K 線型態。盤面左下方為開盤後成交量迅速放大的量柱，右邊是 9:32 封上漲停板後 2 分鐘內的成交明細。

從封板情況來看，9:30 開盤後，主力機構用一筆 14978 張的大

▲ 圖 3-35

買單將股價封停，此後成交逐漸萎縮。當日在集合競價時直接以漲停價掛買單排隊等候買進的投資人，成交的可能性不是太大。如果當日沒能成交也沒關係，投資人可以在次日繼續以漲停價掛買單排隊，等候加倉買進。

圖3-36是003027同興環保2022年9月26日收盤時的K線走勢圖。可以看出9月20日該股大幅開高，收出一個放量小陽線漲停板，突破前高，留下向上突破缺口，形成向上突破缺口和小陽線漲停K線型態。均線呈多頭排列，股價的強勢特徵相當明顯，此後主力機構展開快速拉升行情。

從拉升情況來看，9月21日起主力機構依托5日均線，採取直線拉升、盤中洗盤、迅速拉高的操盤手法，急速向上拉升股價。至

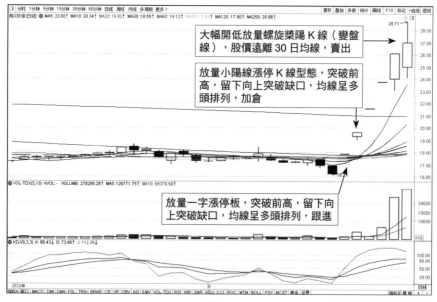

▲ 圖3-36

9 月 26 日共 4 個交易日的時間，拉出 4 根陽線，其中 3 個漲停板，漲幅較大。

9 月 26 日該股大幅開低（向下跳空 -4.21% 開盤），股價衝高回落，收出一根螺旋槳陽 K 線，成交量較前一交易日明顯放大，顯露出主力機構利用開低、盤中對敲拉高的操盤手法，吸引跟風盤進場而展開高位震盪出貨的痕跡。此時，股價遠離 30 日均線且漲幅較大，KDJ 等部分技術指標開始走弱，盤面的弱勢特徵已經顯現。投資人當天如果還有籌碼沒出完，次日應逢高賣出，可追蹤觀察。

3-3-2　大陽線漲停 K 線型態，後勢看好

大陽線漲停 K 線型態，屬於普通漲停 K 線型態中強勢的 K 線型態，是漲停陽線實體部分的長度超過 5% 的漲停 K 線型態。

此型態是指個股當日開盤後（不論開高、開低或開平），主力機構向上拉升股價，直至封上漲停板，至收盤漲停板沒有被打開，收盤後的 K 線實體為長陽。

大陽線漲停 K 線型態的一般特徵為，盤中拉升比較突然（不絕對），封板速度較快，成交量和換手率較大。展現出主力機構及其他投資人看好該個股後市行情，預示強勢上升勢頭將持續延續。但也要注意的是，如果大陽線漲停 K 線型態之後（下一交易日）的 K 線，在大陽線漲停板收盤價上方或在大陽線漲停板實體的上半部分運行，則表示股價強勢特徵持續，投資人可以積極進場買進籌碼。

如果大陽線漲停 K 線型態之後（下一交易日）的 K 線，在大陽線漲停板實體的下半部分或大陽線漲停板實體的下方運行，則表

示股價有走弱的跡象，投資人則暫時不能急於介入，以追蹤觀察為主。當然，股價處於低位或相對低位的大陽線漲停K線型態之後（下一交易日）的K線，在大陽線漲停板實體的下半部分或大陽線漲停板實體的下方運行，很有可能是主力機構整理洗盤，為後續上漲積蓄能量。

實戰操盤中投資人要特別注意，出現在個股長期下跌之後的底部或震盪橫盤之後的大陽線漲停K線型態，如果其他技術指標開始走強，且大盤相對強勢，就可以積極進場逢低買進籌碼，後市獲利的機率極大。但對於股價已經上漲至高位或相對高位的大陽線漲停板，投資人要謹慎操作，以防被套。

圖3-37是000966長源電力2021年3月10日收盤時的K線走勢圖，可以看出此時該股處於上升趨勢。股價從前期相對高位一路震盪下跌，至2021年2月4日的最低價3.29元止跌，下跌時間長、跌幅大，其間有過多次較大幅度的反彈。尤其下跌後期，主力機構利用小幅反彈以及殺跌洗盤，收集不少籌碼建倉。

2021年2月4日股價止跌後，主力機構快速推升股價，收集籌碼，K線走勢紅多綠少、紅肥綠瘦，成交量呈逐步放大狀態。

3月2日該股開平，收出一個大陽線（收盤漲幅4.58%），突破前高，成交量較前一交易日放大近2倍，當日股價向上突破60日、90日、120日和250日均線（一陽穿4線），5日、10日、20日和30日均線在股價下方向上移動，均線蛟龍出海型態形成。此時短期均線呈多頭排列，MACD、KDJ等技術指標開始走強，盤面的強勢特徵開始顯現，後市繼續上漲的機率大。投資人可以開始逢低分批買進籌碼，此後主力機構繼續向上推升股價。

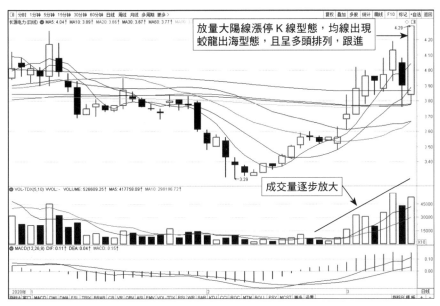

▲ 圖 3-37

　　3 月 10 日該股開低，收出一個大陽線漲停板，漲停原因為「碳中和＋電力」概念炒作，突破前高，成交量較前一交易日大幅放大，形成大陽線漲停 K 線型態。此時均線呈多頭排列，MACD、KDJ 等技術指標走強，股價的強勢特徵已經非常明顯，後市持續快速上漲的機率大。投資人可以在當日搶板或在次日擇機進場加碼，持股待漲。

　　圖 3-38 是 000966 長源電力 2021 年 4 月 13 日收盤時的 K 線走勢圖，可以看出 3 月 10 日該股開低，收出一個放量大陽線漲停板，突破前高，形成大陽線漲停 K 線型態。均線呈多頭排列，股價的強勢特徵相當明顯，此後主力機構展開快速拉升行情。

　　從拉升情況來看，3 月 11 日起主力機構依托 5 日均線，向上拉

升股價，至3月24日共10個交易日，拉出9根陽線（一根為假陰真陽K線），其中有8個漲停板。3月25日該股開高，股價衝高回落，收出一根大陰線，成交量較前一交易日大幅放大，主力機構展開強勢洗盤整理行情。

4月6日該股開低，收出一個大陽線漲停板，突破前高，成交量較前一交易日放大，股價收回到5日、10日均線之上，洗盤整理行情結束，投資人可以在當日搶板或在次日擇機進場加碼。之後，主力機構再次展開快速拉升行情，至4月12日，連續拉出4個漲停板。從K線走勢來看，整體走勢順暢，漲幅巨大。

4月13日該股跳空開低（向下跳空-2.20%開盤），股價衝高回落，收出一根陰十字星，成交量較前一交易日放大2倍多，顯露

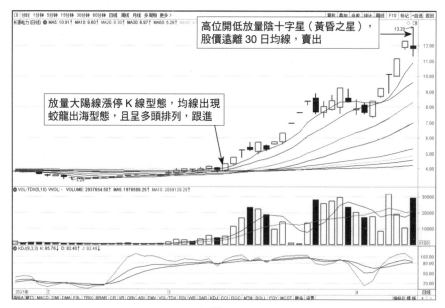

▲ 圖 3-38

出主力機構利用開低、盤中對敲拉高的操盤手法，吸引跟風盤進場而展開震盪出貨的痕跡。此時，股價遠離 30 日均線且漲幅大，KDJ 等部分技術指標開始走弱，盤面的弱勢特徵已經顯現。投資人當天如果還有籌碼沒出完，次日要逢高賣出。

　　圖 3-39 是 002703 浙江世寶 2022 年 6 月 13 日收盤時的 K 線走勢圖，可以看出此時該股處於上升趨勢。2022 年 3 月 1 日（大幅震盪盤升行情 3 年 4 個多月後），該股開高，股價衝高回落，收出一根螺旋槳陰 K 線，成交量較前一交易日大幅放大，主力機構展開回檔挖坑洗盤吸籌行情，成交量呈逐步萎縮狀態。

　　4 月 27 日該股開低，收出一根大陽線（收盤漲幅 5.50%），股價下探至當日最低價 3.87 元止跌，回檔（挖坑）洗盤行情結束。此

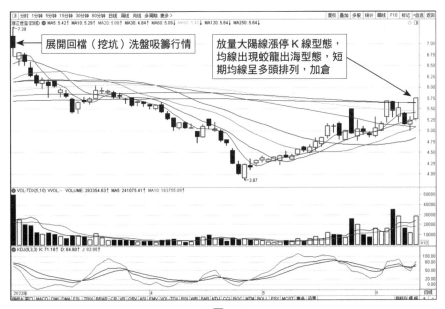

▲ 圖 3-39

後，主力機構快速向上推升股價，投資人可以開始進場逢低買入籌碼。

6月13日該股開高，收出一個大陽線漲停板，漲停原因為「汽車零部件＋無人駕駛」概念炒作，突破前高，成交量較前一交易日放大2倍多，形成大陽線漲停K線型態。當日股價向上突破5日、10日、90日、120日和250日均線（一陽穿5線），20日和30日均線在股價下方向上移動，60日均線在股價下方即將走平，均線蛟龍出海型態形成。

此時短期均線呈多頭排列，MACD、KDJ等技術指標開始走強，盤面的強勢特徵相當明顯，後市持續快速上漲的機率大。投資人可以在當日搶板或在次日擇機進場加碼，持股待漲，待股價出現明顯見頂訊號時賣出。

圖3-40是002703浙江世寶2022年6月27日收盤時的K線走勢圖，可以看出，6月13日該股開高收出一個放量大陽線漲停板，突破前高，形成大陽線漲停K線型態。均線呈多頭排列，股價的強勢特徵相當明顯，此後主力機構展開快速拉升行情。

從拉升情況來看，6月14日起主力機構依托5日均線，採取直線拉升、盤中洗盤、迅速拉高的操盤手法，急速向上拉升股價。至6月27日共10個交易日時間，拉出10根陽線，其中9個漲停板，漲幅巨大。

6月27日該股開高，股價衝高回落，收出一根螺旋槳陽K線，成交量較前一交易日大幅放大，顯露出主力機構利用開高、盤中對敲拉高的操盤手法，引誘跟風盤進場而展開高位震盪出貨的痕跡。此時，股價遠離30日均線且漲幅大，KDJ等部分技術指標開始走

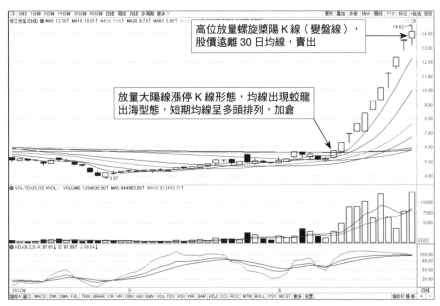

高位放量螺旋槳陽 K 線（變盤線），
股價遠離 30 日均線，賣出

放量大陽線漲停 K 線形態，均線出現蛟龍
出海型態，短期均線呈多頭排列，加倉

▲ 圖 3-40

弱，盤面的弱勢特徵已經顯現。投資人當天如果還有籌碼沒出完，
次日應逢高賣出。

3-3-3　這種漲停 K 線型態，看好位置再跟進……

　　長下影線陽線漲停 K 線型態，屬於普通漲停 K 線型態中強勢
的 K 線型態，是漲停陽 K 線下影線的長度超過實體部分長度的漲
停 K 線型態。

　　此型態是指個股開高幅度在 5% 以上，然後主力機構向下打壓
股價洗盤或放任股價回落到一定深度後，再將股價拉回封上漲停
板，至收盤漲停板沒有被打開，收盤後的 K 線為實體較短的長下影

線漲停陽K線。

長下影線陽線漲停K線型態分時走勢的一般特徵為，盤中股價回落幅度較大，成交量放大且成堆量，盤中拉升股價且封板速度快。

由於長下影線陽線漲停K線型態出現位置的不同，後期走勢也必然不同，投資人一定要特別留心。若長下影線陽線漲停K線型態出現在個股長期下跌之後的低位或上漲初期，且成交量有效放大，主力機構大幅打壓的意圖應該是清洗獲利盤，達到洗盤和低位吸籌的目的。

若長下影線陽線漲停K線型態出現在股價連續上漲之後的高位或相對高位，主力機構的意圖，明顯是打壓出貨與拉高吸引跟風盤接盤並舉，封回漲停板的目的應該是便於下一交易日繼續開高出貨。這種長下影線陽線漲停K線型態，被稱為高位吊頸線或上吊線，投資人一定要小心對待，防範被套的風險。

長下影線陽線漲停K線型態與小陽線漲停K線型態的共同點在於，兩種K線型態都是開高幅度在5%以上，表示股價的強勢特徵非常明顯。區別在於，小陽線漲停K線型態，是普通漲停K線型態中最強勢的漲停K線型態，K線的實體（連同下影線）整體短小。而長下影線陽線漲停K線型態的K線實體較小，下影線較長（一般為整根K線的二分之一以上），是普通漲停K線型態中比較強勢的一種漲停K線型態。

圖3-41是003042中農聯合2022年10月31日收盤時的K線走勢圖，可以看出這是個股上漲初期出現的長下影線陽線漲停K線型態。股價從相對高位一路震盪下跌，至2022年10月11日的最低價

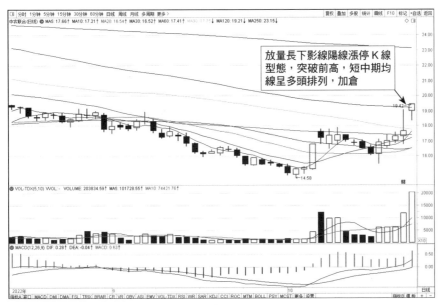

放量長下影線陽線漲停 K 線型態，突破前高，短中期均線呈多頭排列，加倉

▲ 圖 3-41

14.58 元止跌，下跌時間雖然不是很長但跌幅大。下跌後期，主力機構利用小幅反彈以及殺跌洗盤，收集了不少籌碼建倉。

　　2022 年 10 月 11 日股價止跌後，主力機構開始快速推升股價，收集籌碼，其間收出一個大陽線漲停板，為吸籌建倉型漲停板。

　　10 月 31 日該股大幅開高（向上跳空 7.65% 開盤），收出一個長下影線陽線漲停板，漲停原因為「農藥＋鄉村振興＋供銷社＋三季報增長」概念炒作，突破前高，成交量較前一交易日大幅放大，形成長下影線陽線漲停 K 線型態。此時，短中期均線呈多頭排列，MACD、KDJ 等技術指標已經走強，盤面的強勢特徵相當明顯，後市持續快速上漲的機率大。投資人可以當日搶板，或次日擇機進場加碼，持股待漲。

　　圖 3-42 是 003042 中農聯合 2022 年 11 月 11 日收盤時的 K 線走勢圖，可以看出 10 月 31 日該股大幅開高，收出一個放量長下影線陽線漲停板，突破前高，形成長下影線陽線漲停 K 線型態。短中期均線呈多頭排列，股價的強勢特徵相當明顯，此後主力機構展開快速拉升行情。

　　從拉升情況來看，11 月 1 日起主力機構依托 5 日均線，採取直線拉升、盤中洗盤、迅速拉高的操盤手法，急速向上拉升股價。至 11 月 10 日共 8 個交易日時間，拉出 7 根陽線，其中 6 個漲停板，漲幅相當可觀。

　　11 月 11 日該股開高，股價衝高回落，收出一根假陰真陽十字星，成交量較前一交易日明顯放大，顯露出主力機構利用開高、盤

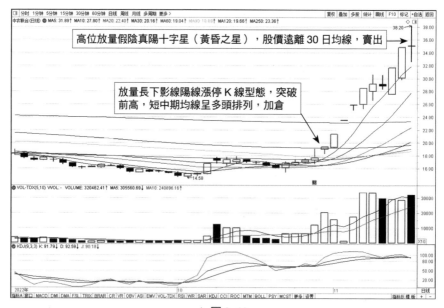

▲ 圖 3-42

中對敲拉高的操盤手法，吸引跟風盤進場而展開高位震盪出貨的痕跡。

此時，股價遠離 30 日均線且漲幅大，KDJ 等部分技術指標開始走弱，盤面的弱勢特徵已經顯現。投資人當天如果還有籌碼沒出完，次日要逢高賣出。

圖 3-43 是 002401 中遠海科 2023 年 1 月 4 日收盤時的 K 線走勢圖，可以看出這是個股上漲途中出現的長下影線陽線漲停 K 線型態。股價從前期相對高位一路震盪下跌，下跌時間長、跌幅大，下跌其間有過多次較大幅度的反彈。

2023 年 1 月 3 日該股開低，收出一個大陽線漲停板，漲停原因為「信創＋智能物流＋區塊鏈＋中字頭」概念炒作，突破前高，成

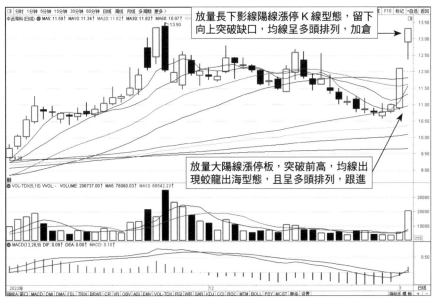

▲ 圖 3-43

交量較前一交易日明顯放大，形成大陽線漲停 K 線型態。當日股價向上突破 5 日、10 日、20 日和 30 日均線（一陽穿 4 線），60 日、90 日、120 日和 250 日均線在股價下方向上移動，均線出現蛟龍出海型態。

此時均線呈多頭排列，MACD、KDJ 等技術指標開始走強，盤面的強勢特徵已經顯現，後市快速上漲的機率大。投資人可以當日搶板，或次日擇機進場買進籌碼。

1 月 4 日由於上述利多概念的刺激，該股大幅開高（向上跳空 6.61% 開盤），收出一個長下影線陽線漲停板，突破前高，留下向上突破缺口，成交量較前一交易日放大 3 倍多，形成向上突破缺口和長下影線陽線漲停 K 線型態。

此時均線呈多頭排列，MACD、KDJ 等技術指標已經走強，盤面的強勢特徵相當明顯，後市快速上漲的機率大。投資人可以當日搶板，或次日擇機進場買入籌碼。

圖 3-44 是 002401 中遠海科 2023 年 2 月 1 日收盤時的 K 線走勢圖，可以看出，1 月 4 日該股大幅開高，收出一個放量長下影線陽線漲停板，突破前高，留下向上突破缺口，形成向上突破缺口和長下影線陽線漲停 K 線型態。均線呈多頭排列，股價的強勢特徵相當明顯，此後主力機構展開拉升行情。

從拉升情況來看，1 月 5 日主力機構拉出一個大陽線漲停板。1 月 6 日該股大幅開高，收出一根陰 K 線（從當日分時走勢來看，該股早盤向上跳空 9.29% 開盤，迅速封上漲停板，尾盤漲停板被大賣單打開，應該是前期獲利盤出逃，主力機構趁機順勢打壓股價做差價），展開回檔洗盤行情，成交量呈逐漸萎縮狀態。

　　1 月 18 日該股開高，收出一個大陽線漲停板，突破前高，成交量較前一交易日大幅放大，股價收回到 5 日、10 日均線之上，回檔洗盤行情結束，投資人可以當日搶板，或次日擇機進場加倉買入籌碼。之後主力機構快速向上拉升股價，至 1 月 30 日連續拉出 3 個漲停板。從 K 線走勢來看，整體走勢順暢，漲幅較大。

　　2 月 1 日該股開平，股價衝高回落，收出一根螺旋槳陽 K 線，成交量較前一交易日大幅放大，加上前一交易日收出一根假陽真陰螺旋槳 K 線，顯示股價上漲乏力，主力機構盤中拉高股價的目的是展開震盪整理出貨。此時，股價遠離 30 日均線且漲幅較大，KDJ 等部分技術指標開始走弱，盤面的弱勢特徵已經顯現。投資人當天如果還有籌碼沒出完，次日應逢高賣出。

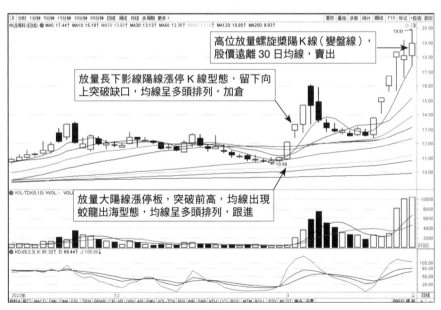

▲ 圖 3-44

了解漲停 K 線買進原則 3

- 小陽線漲停 K 線型態，一般來說，其漲停陽線實體部分的長度小於 5% 以下。指個股當日大幅度跳空開高，開高幅度一般在 5% 以上，然後主力機構向上拉升股價，直至封上漲停板，至收盤漲停板沒被打開，收盤後的陽線實體較短小。
- 主要特徵是開高幅度較大、封板速度較快、成交量和換手率較小，展現出主力機構及其他投資人看好該個股後市行情，預示強勢上升勢頭將持續。

【實戰範例】

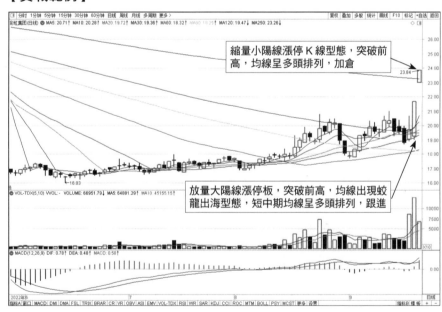

第 **4** 章

有紀律的遵守
均線運算結果，
10% 漲停輕鬆入袋

　　均線型態，是均線系統本身在一定的時空條件下，反映出的股價或指數運行方向和運行趨勢的表現形式。這種表現形式按照均線系統排列的樣式，可以分為多頭、空頭、平行、交叉（黏合）等均線型態。

　　強勢漲停均線型態，是指發生在個股啟動上漲行情，或持續上漲行情中由漲停板所形成的強勢均線型態。該均線型態個股由主力機構操盤運作，市場其他做多力量積極參與，所形成的漲停板對股價回落有較強的支撐作用，是啟動上漲行情或拉升行情極具實戰價值的強勢均線型態。

　　本章我們著重分析實戰操盤中，個股上漲中期強勢漲停均線型態和拉升環節強勢漲停均線型態兩種情況。由於上漲初期漲停均線型態一般是主力機構展開初期上漲行情、收集籌碼建倉增倉所需，行情比較短暫，這裡就不作研究分析了。個股在下跌途中或下降通道中，展開反彈出現的漲停均線型態，不屬於強勢漲停均線型態範疇，這裡也不作研究分析。

　　為便於分析和使讀者理解，這一章中，我們將軟體均線系統按照混搭組合配置，分別從短中長期均線中挑出 5 日、10 日、30 日、60 日和 120 日此 5 條均線，設置新的均線系統。

4-1

看圖買進這3種均線型態個股，獲利就這麼簡單

　　個股經過初期上漲有了一定的漲幅，積累不少獲利盤，主力機構利用此時政策面、基本面、消息面和大盤等因素的影響，經由展開小幅回檔或深度回檔洗盤或橫盤震盪整理洗盤等手法，消化獲利盤，拉高新進場投資人的入場成本，減輕後市拉升壓力。洗盤整理結束後，隨著主力機構慢慢推升股價，各種中期強勢漲停均線型態逐漸形成，投資人即可進場逢低買進籌碼。

　　比如，橫盤震盪整理末期，主力機構收出一個放量大陽線漲停板，突破均線黏合向上發散型態，即形成上漲中期均線再次黏向上發散漲停型態。均線再次黏向上發散漲停型態，意味著股價突破平台，開啟一波上漲行情，是投資人進場買進籌碼的明確訊號。

　　實戰操盤中，由於股價初期上漲之後整理時間和整理幅度的不確定性，加上主力機構操盤手法和風格不同，投資人確認整理結束之後的某種漲停均線型態買點時，不能光看均線的型態。還要結合政策面、消息面、大盤走勢、目標股票的基本面、成交量以及其他技術指標做全面分析後，再做決策。

4-1-1　上漲中期均線蛟龍出海，股價即將上漲

　　上漲中期均線蛟龍出海漲停型態，是指個股經過初期上漲行情之後，股價有一定漲幅或股價遠離30日均線，或受到上方週期較長均線的壓制等原因，主力機構展開洗盤整理行情。洗盤整理到位後，主力機構以漲停板的形式開啟一波新的上漲行情。

　　市場表現為，洗盤整理行情末期，主力機構拉出一個放（縮）量大（小）陽線漲停板，向上突破（穿過）至少3條均線（如5日、10日、30日均線），且股價收在3條以上均線的上方，形成上漲中期均線蛟龍出海漲停型態，預示新一波上升行情正式啟動。

　　上漲中期均線蛟龍出海漲停型態，是目標股票經過較長時間的橫盤震盪整理或回檔洗盤行情、洗盤到位之後出現的，是一種上漲確認走勢，表示洗盤整理行情結束，股價將重拾升勢，接續原來的上升趨勢。

　　圖4-1是603366日出東方2022年7月19日收盤時的K線走勢圖，可以看出此時該股處於上升趨勢。股價從前期相對高位一路震盪下跌，至2022年4月27日的最低價3.58元止跌，下跌時間長、跌幅大，其間有過多次反彈，且反彈幅度大。下跌後期，主力機構借助當時大盤大跌之勢，加速殺跌洗盤，收集不少籌碼建倉。

　　2022年4月27日股價止跌後，主力機構展開初期上漲行情，推升股價，收集籌碼，K線走勢呈紅多綠少、紅肥綠瘦態勢，成交量呈間斷性放大狀態。其間，主力機構收出過2個大陽線漲停板，為吸籌建倉型漲停板。

　　5月6日該股跳空開高，收出一個大陽線漲停板，突破前高，

留下向上突破缺口，成交量較前一交易日明顯放大，股價突破 5 日、10 日均線，且收在 5 日、10 日均線上方，形成向上突破缺口和大陽線漲停 K 線型態。此時均線系統較弱，但 MACD、KDJ 等技術指標開始走強，股價的強勢特徵開始顯現，後市上漲的機率大，投資人可以開始進場，逢低分批買入籌碼。

　　6 月 17 日該股開低，收出一根中陽線，突破前高，成交量較前一交易日放大 2 倍多，當日股價向上突破 5 日、10 日、30 日和 60 日（一陽穿 4 線），120 日均線日均線在股價上方下行，上漲初期均線蛟龍出海型態形成。此時均線呈多頭排列（除 120 日均線外），MACD、KDJ 等技術指標走強，股價的強勢特徵比較明顯，後市繼續上漲的機率大，投資人可以進場繼續逢低分批買入籌碼。

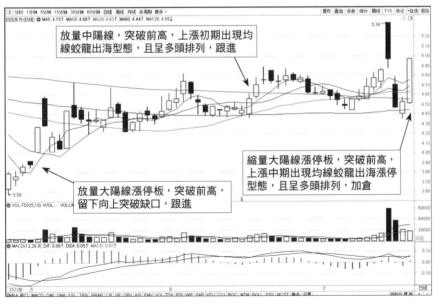

▲ 圖 4-1

7月19日該股開低，收出一個大陽線漲停板，漲停原因為「白色家電＋光伏＋建築節能」概念炒作，突破前高，成交量較前一交易日萎縮（漲停縮量的原因），形成大陽線漲停K線型態。當日股價向上突破5日、10日、30日和120日均線（一陽穿4線），60日均線在股價下方向上移動，上漲中期均線蛟龍出海漲停型態形成。此時均線呈多頭排列（除120日均線外），MACD、KDJ等技術指標走強，股價的強勢特徵較為明顯，後市繼續上漲的機率大。投資人可以當日搶板，或次日進場加倉買入籌碼。

圖4-2是603366日出東方2022年8月12日收盤時的K線走勢圖，可以看出7月19日該股開低，收出一個縮量大陽線漲停板，突破前高，上漲中期出現均線蛟龍出海漲停型態。均線呈多頭排列，股價的強勢特徵明顯，此後主力機構展開向上拉升行情。

從拉升情況來看，7月20日至26日，主力機構展開5個交易日的強勢整理洗盤吸籌行情，正是投資人進場買入籌碼的好時機。7月27日起主力機構依托5日均線，採取快速拉升、短期強勢洗盤整理的操盤手法，向上拉升股價（2022年8月2日至8月8日，主力機構展開過5個交易日的強勢整理洗盤整理，整理幅度不深，股價跌破5均線很快收回）。至8月11日共12個交易日時間，拉出11根陽線，其中7個漲停板，漲幅相當不錯。

8月12日該股開高，收出一根跌停看跌吞沒大陰線（高位看跌吞沒陰線為見頂訊號），當日成交量較前一交易日放大38倍多。從當日分時走勢來看，該股早盤開高後股價震盪回落，11:10股價跌停，之後盤中股價有2次幅度不大的反彈，顯露出主力機構利用開高、盤中震盪回落的操盤手法，引誘跟風盤進場而大量出

貨，以及之後盤中毫無顧忌打壓出貨的堅決態度。

此時股價遠離 30 日均線且漲幅大，KDJ 等部分技術指標開始走弱，盤面的弱勢特徵已經顯現。投資人當天如果還有籌碼沒出完，次日應該逢高清倉。

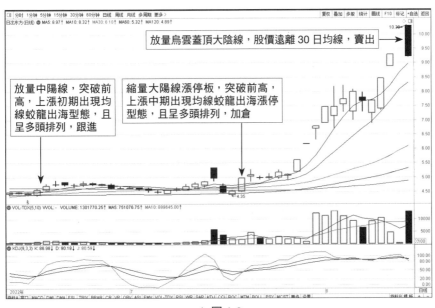

▲ 圖 4-2

圖 4-3 是 002084 海鷗住工 2022 年 9 月 19 日收盤時的 K 線走勢圖，可以看出此時該股處於上升趨勢。股價從前期相對高位一路震盪下跌，下跌時間雖然不是很長但跌幅大，其間有過多次反彈且反彈幅度大。下跌後期，主力機構借助當時大盤大跌之勢，加速殺跌洗盤，收集不少籌碼建倉。

2022 年 4 月 27 日股價止跌後，主力機構快速推升股價，收集

籌碼，然後展開震盪盤升行情（初期上漲行情），K線走勢呈紅多綠少、紅肥綠瘦態勢，成交量呈間斷性放大狀態。其間，主力機構收出過3個大陽線漲停板，為吸籌建倉型漲停板。

8月29日該股開低，收出一根中陽線，突破前高，成交量較前一交易日放大2倍多，當日股價向上突破5日、10日、30日和60日均線（一陽穿4線），120日均線在股價上方下行，上漲初期均線蛟龍出海型態形成。此時均線呈多頭排列（除5日、120日均線外），MACD、KDJ等技術指標走強，股價的強勢特徵比較明顯，後市上漲的機率大，投資人可以開始進場，逢低分批買入籌碼。

9月19日該股開低，收出一個大陽線漲停板，漲停原因為「空氣能熱泵＋家居用品＋外銷」概念炒作，突破前高，成交量較前一

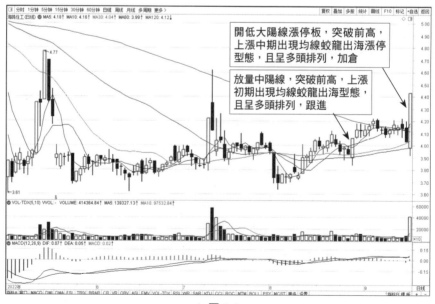

▲ 圖 4-3

交易日放大 4 倍多，形成大陽線漲停 K 線型態。當日股價向上突破
5 日、10 日、30 日、60 日和 120 日均線（一陽穿 5 線），上漲中期
均線蛟龍出海漲停型態形成。

　　此時均線呈多頭排列（除 120 日均線外），MACD、KDJ 等技
術指標走強，股價的強勢特徵相當明顯，後市持續上漲的機率大，
投資人可以當日搶板，或次日進場加倉買入籌碼。

　　圖 4-4 是 002084 海鷗住工 2022 年 9 月 30 日收盤時的 K 線走勢
圖，可以看出 9 月 19 日該股開低，收出一個放量大陽線漲停板，突
破前高，上漲中期出現均線蛟龍出海漲停型態。均線呈多頭排列，
股價的強勢特徵已經相當明顯，此後主力機構展開向上拉升行情。

　　從拉升情況來看，9 月 20 日至 23 日，主力機構展開 4 個交易

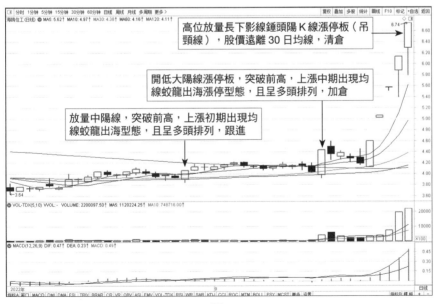

▲ 圖 4-4

日的強勢整理洗盤吸籌行情，正是投資人進場買入籌碼的好時機。
9月26日起主力機構依托5日均線，採取快速拉升、盤中洗盤、急
速拉高的操盤手法，向上拉升股價，至9月30日共5個交易日時
間，拉出5根陽線，均為漲停板，漲幅相當可觀。

　　9月30日該股開高，收出一根長下影線錘頭陽K線漲停板，
成交量較前一交易日放大。從當日分時走勢來看，早盤該股開高
後，股價展開大幅震盪盤整行情，盤中跌破前一交易日收盤價時間
較長、幅度較深，尾盤股價觸及漲停板收盤。

　　加上前一交易日收出的長下影線錘頭陽K線漲停板，顯露出
主力機構這2個交易日內利用漲停誘多、盤中大幅震盪的操盤手
法，引誘跟風盤進場而賣出大量籌碼。此時，股價遠離30日均線
且漲幅較大，KDJ等部分技術指標開始走弱，盤面的弱勢特徵開
始顯現。投資人當天如果還有籌碼沒出完，次日要清倉。

4-1-2　再次黏合向上發散，會展開拉升行情

　　均線再次黏合向上發散漲停型態，是出現在個股中長期上升
趨勢初期（或股價初期上漲行情之後）的均線黏合向上發散漲停型
態。是指目標股票股價有一定的漲幅，或股價遠離30日均線，或
股價上漲受到上方週期較長均線的壓制等，展開震盪整理洗盤行情
（或回檔洗盤行情），洗盤整理到位後，均線跟隨股價上行所形
成。

　　市場表現為，洗盤整理結束均線跟隨股價拐頭向上移動，再
次出現3條以上均線黏合型態，主力機構拉出一個放量大陽線漲停

板（或其他型態漲停板），向上突破均線黏合型態，形成均線再次黏合向上發散漲停型態，預示新的一波上升行情正式啟動。

均線再次黏合向上發散漲停型態形成後，由於主力機構在震盪整理洗盤其間收集足夠的籌碼，其上漲的可信度較高。雖然此時股價有一定的漲幅，但後市空間仍然廣闊，且即將展開拉升行情，投資人可以積極進場，買入做多。

圖 4-5 是 002877 智能自控 2023 年 1 月 30 日收盤時的 K 線走勢圖，可以看出此時該股處於上升趨勢。股價從前期相對高位一路震盪下跌，下跌時間長、跌幅大，其間有過多次反彈，且反彈幅度大。下跌後期，主力機構借助當時大盤大跌之勢加速殺跌洗盤，收集不少籌碼建倉。

8 月 23 日該股開平，股價衝高至當日最高價 10.30 元回落，收出一根長上影線陰十字星，主力機構展開初期上漲之後的回檔（回檔之後橫盤震盪）洗盤吸籌行情，成交量呈間斷性放（縮）量狀態，投資人可以當日或次日逢高先賣出手中籌碼。其間，主力機構收出過 1 個大陽線漲停板，為吸籌建倉型漲停板。

11 月 14 日該股開低收出一根大陽線，突破前高，成交量較前一交易日明顯放大，當日股價向上突破 5 日、10 日和 60 日均線（一陽穿 3 線），30 日和 120 日均線在股價下方向上移動，上漲初期均線蛟龍出海型態形成。此時均線呈多頭排列，MACD、KDJ 等技術指標開始走強，股價的強勢特徵開始顯現，後市上漲的機率大，投資人可以開始進場逢低分批買入籌碼。

2023 年 1 月 30 日該股跳空開高，收出一個大陽線漲停板，漲停原因為「人工智慧＋智慧製造」概念炒作。突破前高，留下向上

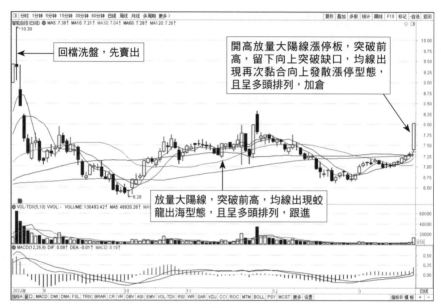

▲ 圖 4-5

突破缺口，成交量較前一交易日放大3倍多，當日5日、60日和120日均線再次黏合向上發散，股價向上突破均線再次黏合向上發散型態，形成均線再次黏合向上發散漲停型態。此時均線呈多頭排列，MACD、KDJ等技術指標走強，股價的強勢特徵相當明顯，後市持續快速上漲的機率大，投資人可以當日搶板，或次日進場加倉買入籌碼。

圖4-6是002877智能自控2023年2月6日收盤時的K線走勢圖，可以看出，1月30日該股跳空開高，收出一個放量大陽線漲停板，突破前高，留下向上突破缺口。當日5日、60日和120日均線再次黏合向上發散，股價向上突破均線再次黏合向上發散型態，形成均線再次黏合向上發散漲停型態，均線呈多頭排列。股價的強勢

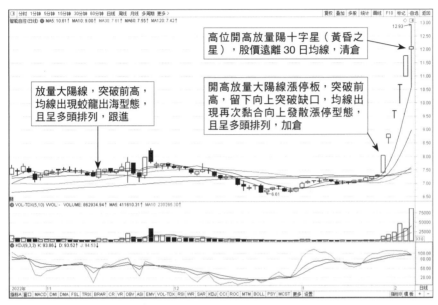

放量大陽線，突破前高，均線出現蛟龍出海型態，且呈多頭排列，跟進

高位開高放量陽十字星（黃昏之星），股價遠離 30 日均線，清倉

開高放量大陽線漲停板，突破前高，留下向上突破缺口，均線出現再次黏合向上發散漲停型態，且呈多頭排列，加倉

▲ 圖 4-6

特徵已經相當明顯，此後主力機構展開向上拉升行情。

　　從拉升情況來看，1 月 31 日起主力機構依托 5 日均線，採取快速拉升、盤中洗盤、急速拉高的操盤手法，向上拉升股價。至 2 月 3 日共 4 個交易日時間，拉出 4 根陽線，均為漲停板，漲幅相當可觀。

　　2 月 6 日該股大幅開高，股價衝高回落，收出一根長上下影線陽十字星，成交量較前一交易日放大 2 倍多。從當日分時走勢來看，該股早盤開高後股價震盪回落，10:32 股價跌停。13:06 主力機構採取盤中對敲拉高的操盤手法，展開強勢反彈行情。

　　13:32 至盤中最高價 12.93 元展開震盪回落，顯露出主力機構利用開高、盤中大幅震盪的操盤手法，引誘跟風盤進場而大量出貨

及盤中毫無顧忌打壓出貨的堅決態度。此時，股價遠離30日均線且漲幅較大，KDJ等部分技術指標開始走弱，盤面的弱勢特徵已經顯現。投資人當天如果還有籌碼沒出完，次日應該逢高清倉。

圖4-7是603860中公高科2023年3月2日收盤時的K線走勢圖，可以看出此時該股處於上升趨勢。股價從前期相對高位一路震盪下跌，下跌時間不是很長但跌幅大。

12月8日該股大幅開低，股價回落，收出一根大陰線，主力機構展開初期上漲之後的回檔（回檔之後橫盤震盪）洗盤吸籌行情，成交量呈間斷性放（縮）量狀態，投資人可以在當日或次日逢高先賣出手中籌碼。

2023年1月3日該股開平，收出一根中陽線，突破前高，成交

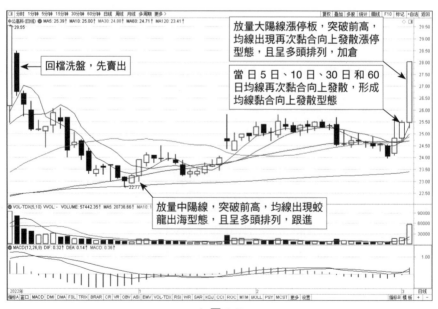

▲ 圖 4-7

量較前一交易日放大 2 倍多，當日股價向上突破 5 日、10 日和 60 日均線（一陽穿 3 線），30 日和 120 日均線在股價下方向上移動，上漲初期均線蛟龍出海型態形成。此時均線呈多頭排列（除 10 日均線外），KDJ 等部分技術指標開始走強，股價的強勢特徵開始顯現，後市上漲的機率大，投資人可以開始進場逢低分批買入籌碼。

2023 年 3 月 1 日該股開平，收出一根中陽線，突破前高，成交量較前一交易日明顯放大，當日 5 日、10 日、30 日和 60 日均線再次黏合向上發散，均線再次黏合向上發散型態形成。

2023 年 3 月 2 日該股開平，收出一個大陽線漲停板，漲停原因為「公路建設＋數字經濟＋國企改革」概念炒作，突破前高，成交量較前一交易日放大 3 倍多，股價向上突破均線黏合向上發散型態，形成均線再次黏合向上發散漲停型態。此時均線呈多頭排列，MACD、KDJ 等技術指標走強，股價的強勢特徵相當明顯，後市持續快速上漲的機率大，投資人可以當日搶板或次日進場買入籌碼。

圖 4-8 是 603860 中公高科 2023 年 3 月 8 日收盤時的 K 線走勢圖，可以看出，3 月 2 日該股開平收出一個放量大陽線漲停板，突破前高，股價向上突破均線再次黏合向上發散型態。形成均線再次黏合向上發散漲停型態，均線呈多頭排列，股價的強勢特徵已經相當明顯，此後主力機構展開向上拉升行情。

從拉升情況來看，3 月 3 日起（從當日分時走勢來看，該股早盤開低，股價回落展開震盪整理，9:49 主力機構對敲放量股價快速衝高，一個波次於 9:57 封上漲停板，投資人可以在股價開始放量衝高時加碼），主力機構依托 5 日均線，採取快速拉升、盤中洗盤、

急速拉高的操盤手法，向上拉升股價。至3月8日共4個交易日時間，拉出4根陽線，其中3個漲停板，漲幅較大。

3月8日該股開高，股價衝高回落，收出一根長下影線陽十字星，成交量較前一交易日明顯放大。從當日分時走勢來看，該股早盤開高後，股價震盪回落，此後股價基本上在前一交易日收盤價下方展開大幅震盪，尾盤有所拉高，顯露出主力機構利用開高、盤中大幅震盪、拉尾盤的操盤手法，引誘跟風盤進場而大量出貨的跡象。

此時，股價遠離30日均線且漲幅較大，KDJ等部分技術指標開始走弱，盤面的弱勢特徵已經顯現。投資人當天如果還有籌碼沒出完，次日應逢高賣出。

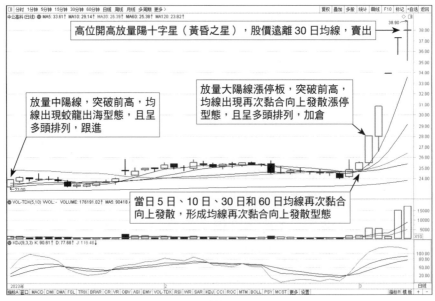

▲ 圖4-8

4-1-3　再次交叉向上發散，是逢低加碼好時機

均線再次交叉向上發散漲停型態，又稱均線再次複合黃金交叉漲停型態，是出現在個股中長期上升趨勢的中期整理行情末期（或長期上升趨勢初期）的均線再次交叉向上發散漲停型態。是指目標股票股價有一定的漲幅，或股價遠離 30 日均線，或受到上方週期較長均線的壓制等，主力機構展開震盪整理整理洗盤行情（或回檔洗盤整理行情），洗盤整理到位後，均線出現再次交叉向上發散所形成。

市場表現為，3 條以上均線由向下空頭發散逐漸收斂向上，然後在同一時間、同一點位形成黃金交叉（複合黃金交叉）型態，主力機構拉出一個放量大陽線漲停板（或其他型態漲停板），向上突破均線黃金交叉（複合黃金交叉）型態，形成均線再次交叉向上發散漲停型態。

均線再次交叉向上發散漲停型態形成後，均線型態逐漸演變成均線多頭排列型態，預示新的一波上升行情正式啟動。投資人可以在股價向上突破均線交叉型態或均線向上發散初期，擇機進場逢低加碼，待股價出現明顯見頂訊號時賣出。

圖 4-9 是 002229 鴻博股份 2023 年 1 月 30 日收盤時的 K 線走勢圖，可以看出此時該股處於上升趨勢。股價從前期相對高位一路震盪下跌，下跌時間長、跌幅大，其間有過多次反彈，且反彈幅度大。

8 月 15 日該股大幅跳空開高（向上跳空 6.45% 開盤），股價衝高至當日最高價 8.66 元回落，收出一根陰 K 線，主力機構展開初期

上漲之後的回檔（回檔之後橫盤震盪）洗盤吸籌行情。成交量呈間斷性放（縮）量狀態，投資人可以在當日或次日逢高先賣出手中籌碼。

12月7日該股開低，收出一根大陽線，突破前高，成交量較前一交易日放大2倍多，當日股價向上突破5日、10日、30日、60日和120日均線（一陽穿5線），均線再次出現蛟龍出海型態。此時均線呈多頭排列（除10日均線外），KDJ等部分技術指標開始走強，股價的強勢特徵開始顯現，後市上漲的機率大，投資人可以開始進場，逢低分批買入籌碼。

2023年1月30日該股跳空開高，收出一個大陽線漲停板，漲停原因為「人工智慧＋數字經濟＋Web3.0＋包裝印刷」概念炒作，

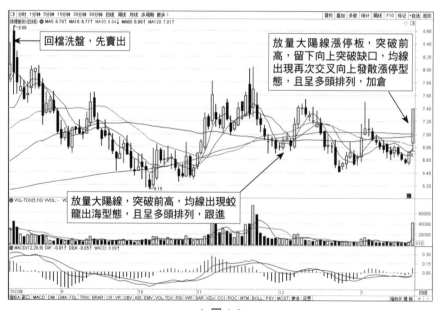

▲ 圖 4-9

突破前高，留下向上突破缺口，成交量較前一交易日放大 6 倍多。

當日 5 日均線向上穿過 10 日均線，60 日均線向上穿過 120 日均線形成黃金交叉（複合黃金交叉）型態，均線再次交叉向上發散型態形成。當日股價（大陽線漲停板）向上突破均線再次交叉向上發散型態，形成均線再次交叉向上發散漲停型態。此時均線呈多頭排列（除 30 日均線外），MACD、KDJ 等技術指標走強，股價的強勢特徵相當明顯，後市持續快速上漲的機率大，投資人可以當日搶板，或次日進場買入籌碼。

圖 4-10 是 002229 鴻博股份 2023 年 2 月 14 日收盤時的 K 線走勢圖，可以看出，1 月 30 日該股跳空開高收出一個大陽線漲停板，突破前高，留下向上突破缺口。當日股價（大陽線漲停板）向上突破均線再次交叉向上發散型態，形成均線再次交叉向上發散漲停型態，均線呈多頭排列，股價的強勢特徵已經相當明顯，此後主力機構展開向上拉升行情。

從拉升情況來看，1 月 31 日至 2 月 6 日，主力機構連續收出 5 根小陽線（其中一根為假陰真陽十字星），意在洗盤吸籌，正是投資人進場的好時機。從 2 月 7 日起，主力機構依托 5 日均線，採取快速拉升、盤中洗盤、急速拉高的操盤手法，向上拉升股價，至 2 月 13 日共 5 個交易日時間，拉出 5 根陽線，均為漲停板，漲幅巨大。

2 月 14 日該股漲停開盤，股價回落，收出一根烏雲蓋頂大陰線，成交量較前一交易日放大 5 倍多。從當日分時走勢來看，該股早盤漲停開盤，9:50 漲停板被連續 7 筆萬張（10 萬張）大賣單打開，成交量急速放大，此後股價震盪回落。10:29 跌破前一交易日

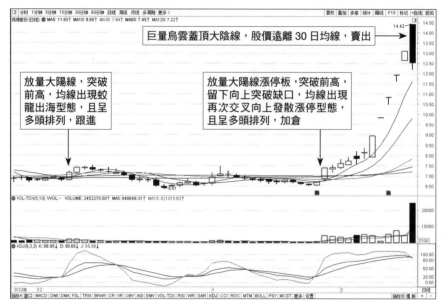

巨量烏雲蓋頂大陰線，股價遠離 30 日均線，賣出

放量大陽線，突破前高，均線出現蛟龍出海型態，且呈多頭排列，跟進

放量大陽線漲停板，突破前高，留下向上突破缺口，均線出現再次交叉向上發散漲停型態，且呈多頭排列，加倉

▲ 圖 4-10

收盤價繼續下行，然後展開震盪盤整至收盤，顯露出主力機構利用開高、打開漲停板、盤中震盪回落以及震盪盤整的操盤手法，引誘跟風盤進場而大量出貨的跡象。

此時，股價遠離 30 日均線且漲幅大，KDJ 等部分技術指標開始走弱，盤面的弱勢特徵已經顯現，投資人當天如果還有籌碼沒出完，次日應逢高賣出。

圖 4-11 是 300250 初靈信息 2023 年 2 月 1 日收盤時的 K 線走勢圖，可以看出此時該股處於上升趨勢。股價從前期相對高位一路震盪下跌，至 2022 年 10 月 11 日的最低價 10.09 元止跌，下跌時間不長但跌幅大，其間有過 1 次較大幅度的反彈。

2022 年 10 月 11 日股價止跌後，主力機構展開震盪盤升行情，

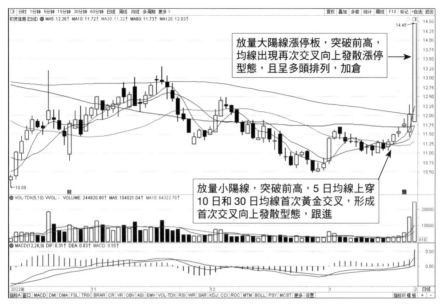

放量大陽線漲停板，突破前高，
均線出現再次交叉向上發散漲停
型態，且呈多頭排列，加倉

放量小陽線，突破前高，5 日均線上穿
10 日和 30 日均線首次黃金交叉，形成
首次交叉向上發散型態，跟進

▲ 圖 4-11

洗盤吸籌並舉，成交量呈間斷性放大狀態。

　　2023 年 1 月 19 日，該股開高收出一根小陽線，成交量較前一
交易放大，當日 5 日均線向上穿過 10 日和 30 日均線首次交叉（黃
金交叉）向上發散，均線首次交叉向上發散型態形成。此時均線系
統較弱，但 MACD、KDJ 等技術指標開始走強，股價的強勢特徵開
始顯現，後市繼續上漲的機率大。投資人可以開始進場逢低分批買
入籌碼，此後主力機構繼續向上推升股價。

　　2023 年 2 月 1 日該股開低，收出一個大陽線漲停板，漲停原因
為「ChatGPT＋信創＋Web3.0＋數字經濟」概念炒作，突破前高，
成交量較前一交易日大幅放大。當日 5 日均線向上穿過 120 日均
線、10 日均線向上穿過 60 日均線形成黃金交叉（複合黃金交叉）

型態，均線再次交叉向上發散型態形成。

當日股價（20%漲幅的大陽線漲停板）向上突破均線，再次交叉向上發散型態，形成均線再次交叉向上發散漲停型態。此時均線呈多頭排列，MACD、KDJ等技術指標走強，股價的強勢特徵相當明顯，後市持續快速上漲的機率大。投資人可以當日搶板，或次日進場加倉買入籌碼。

圖4-12是300250初靈信息2023年2月6日收盤時的K線走勢圖，可以看出，2月1日該股開低收出一個大陽線漲停板，突破前高，當日股價向上突破均線再次交叉向上發散型態，形成均線再次交叉向上發散漲停型態。均線呈多頭排列，股價的強勢特徵已經相當明顯。此後，主力機構展開向上拉升行情。

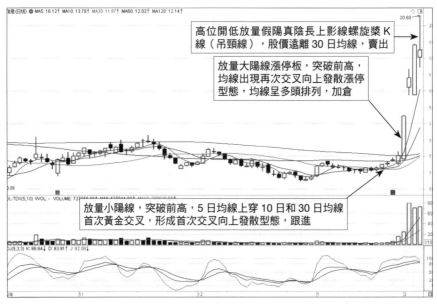

▲ 圖4-12

　　2 月 6 日該股開低，股價衝高回落，收出一根假陽真陰長上影線螺旋槳 K 線。成交量較前一交易日略有放大，顯露出主力機構利用開低、盤中對敲拉高的操盤手法，吸引跟風盤進場而展開震盪出貨的痕跡。此時，股價遠離30日均線且漲幅較大，KDJ 等部分技術指標開始走弱，盤面的弱勢特徵已經顯現。投資人當天如果還有籌碼沒出完，次日應逢高賣出。

重點整理

看懂均線型態中的加碼訊號

- 上漲中期均線蛟龍出海漲停型態，是指個股經過初期上漲行情後，股價有一定漲幅或遠離 30 日均線等原因，主力機構展開洗盤整理行情。洗盤整理到位後，主力機構以漲停板的形式開啟新的一波上漲行情。

- 洗盤整理行情末期，主力機構拉出一個放（縮）量大（小）陽線漲停板，向上突破至少 3 條均線，且股價收在 3 條以上均線的上方，形成上漲中期均線蛟龍出海漲停型態，預示新一波上升行情正式啟動。

【實戰範例】

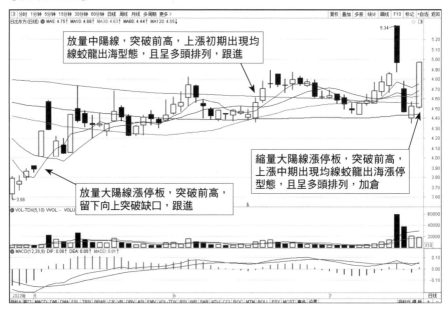

4-2
不管主力用什麼手法拉升，看到訊號再決定買或賣

　　中期整理行情展開後，主力機構經由橫盤震盪整理洗盤或回檔洗盤等手法，清洗獲利盤，拉高新進場投資人的入場成本，減輕後市拉升的壓力。當洗盤整理接近尾聲、成交量大幅萎縮時，主力機構已經完成增倉補倉工作，積蓄充分的拉升能量。此時，各種拉升前的強勢漲停均線型態逐漸形成，投資人進場的時機到來。

　　由於受主力機構控盤程度、資金面和目標股票流通盤大小等各種因素影響，加上主力機構操盤手法和風格的不同等原因，直接導致主力機構對目標股票採取的拉升方法不盡相同。籌碼集中、控盤到位的主力機構，可能採取直線式或單邊上揚式拉升手法；而資金實力不是太強、控盤程度一般的主力機構，可能採取震盪式、台階式或複合式拉升的操盤手法展開拉升行情。主力機構拉升手法不同，導致上漲速度和幅度的不同，同樣導致股價（K 線）上漲走勢和均線型態不同。

　　拉升階段是主力機構操盤過程中至關重要的關鍵環節，無論採取什麼拉升手法，所形成的漲停均線型態，都屬於非常強勢的均

線型態。比如均線多頭排列漲停型態、均線快速上漲漲停型態以及均線加速上漲漲停型態，下面逐一分析說明。

4-2-1　多頭排列漲停型態，是強勢上漲訊號

均線多頭排列漲停型態，是形成於個股上升趨勢中的均線漲停型態，也是股價強勢上漲的一種均線型態訊號。

此型態一般由 3 條以上均線組成，是指處於上升趨勢中的個股，股價（K線）和均線的排列，從上至下依次為股價（K線）、短期均線、中期均線、長期均線，且所有均線向上移動，形成均線多頭排列型態。某一交易日主力機構拉出一個放量大陽線漲停板（或其他型態漲停板），向上突破由短中長期均線形成的多頭排列型態，形成均線多頭排列漲停型態。

均線多頭排列漲停型態形成後，預示主力機構最後的拉升行情正式啟動，投資人可以在股價向上突破均線多頭排列型態或在均線交叉（黏合）向上發散初期，擇機進場逢低加碼，待股價出現明顯見頂訊號時賣出。

實戰操盤中，均線多頭排列漲停型態形成之後，主力機構開始快速向上拉升股價，投資人要堅定持股信心。但由於受大盤走勢、主力機構控盤程度等因素影響，主力機構拉升其間可能展開縮量回檔洗盤，如果此時拉升幅度不大，也是投資人進場買入籌碼的好時機。當然，如果股價漲幅過大，或個股走勢已步入均線多頭排列型態後期，比如股價遠離 30 日均線或出現其他明顯見頂訊號時，投資人就要逢高出局，落袋為安。

　　圖 4-13 是 688787 海天瑞聲 2023 年 1 月 30 日收盤時的 K 線走勢圖，可以看出此時該股處於上升趨勢。該股 2021 年 8 月 13 日上市，由於大盤走勢疲軟，股價上漲至當日最高價 172.39 元，展開下跌整理，至 2022 年 4 月 27 日的最低價 35.65 元止跌，下跌時間不長但跌幅大，下跌其間有過 1 次較大幅度反彈。

　　2022 年 4 月 27 日股價止跌後，主力機構展開大幅震盪盤升行情，高賣低買賺取差價與洗盤吸籌並舉，成交量呈間斷性放大狀態，其間收出過 2 個大陽線漲停板，為吸籌建倉型漲停板。

　　10 月 14 日該股開高，收出一個大陽線漲停板，突破前高，成交量較前一交易日放大 4 倍多，形成大陽線漲停 K 線型態。當日股價向上突破 5 日、10 日、30 日和 120 日均線（一陽穿 4 線），

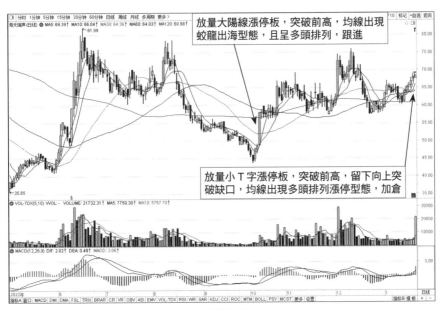

▲ 圖 4-13

60日均線在股價上方即將走平，均線蛟龍出海型態形成。此時，均線呈多頭排列（除60日均線外），MACD、KDJ等技術指標開始走強，股價的強勢特徵已經相當明顯，投資人可以開始進場，逢低分批買入籌碼。

2023年1月18日該股開平，收出一根小陽線，突破前高，成交量較前一交易日放大。當日5日均線向上穿過10日、60日均線黃金交叉，均線交叉（複合黃金交叉）向上發散型態形成，均線呈多頭排列（除30日均線外），股價的強勢特徵已經相當顯現，投資人可以在當日或次日進場加碼。

1月30日該股漲停開盤，收出一個小T字漲停板，漲停原因為「人工智慧＋語音技術＋數據存儲」概念炒作。突破前高，留下向上突破缺口，成交量較前一交易日放大4倍多，股價向上突破由短中長期均線形成的多頭排列型態，形成均線多頭排列漲停型態。此時，MACD、KDJ等技術指標持續強勢，股價的強勢特徵已經非常明顯，後市持續快速上漲的機率大，投資人可以在當日或次日進場加碼。

圖4-14是688787海天瑞聲2023年2月16日收盤時的K線走勢圖，可以看出，1月30日該股漲停開盤，收出一個放量小T字漲停板，突破前高，留下向上突破缺口。股價向上突破由短中長期均線形成的多頭排列型態，均線多頭排列漲停型態形成，股價的強勢特徵非常明顯，之後主力機構快速向上拉升股價。

從拉升情況來看，從1月31日起（當日主力機構大幅開高，收出一顆陽十字星，正是投資人進場的好時機），主力機構依托5日均線，採取快速拉升、盤中洗盤、急速拉高的操盤手法，向上

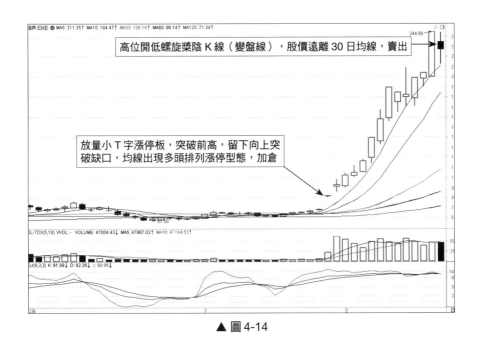

高位開低螺旋槳陰 K 線（變盤線），股價遠離 30 日均線，賣出

放量小 T 字漲停板，突破前高，留下向上突破缺口，均線出現多頭排列漲停型態，加倉

▲ 圖 4-14

拉升股價。至 2 月 15 日共 12 個交易日時間，拉出 10 根陽線，其中 3 個漲停板，股價從 1 月 31 日主力機構拉出一個放量小 T 字漲停板，當日收盤價 81.60 元，上漲到 2 月 15 日收出一個大陽線漲停板，當日收盤價 144.80 元，漲幅巨大。

　　2 月 16 日該股開低，股價衝高回落，收出一根螺旋槳陰 K 線，成交量較前一交易日略萎縮，顯露出主力機構利用開低、盤中對敲拉高的操盤手法，吸引跟風盤進場而展開震盪出貨的痕跡。此時，股價遠離 30 日均線且漲幅大，KDJ 等部分技術指標開始走弱，盤面的弱勢特徵已經顯現。投資人當天如果還有籌碼沒出完，次日應逢高賣出。

　　圖 4-15 是 000506 中潤資源 2023 年 3 月 14 日收盤時的 K 線走

勢圖，可以看出此時該股處於上升趨勢。

2023 年 1 月 20 日該股開高，收出一根大陽線（收盤漲幅 6.75%），突破前高，成交量較前一交易日放大 4 倍多，當日股價向上突破 5 日、10 日、30 日、60 日和 120 日均線（一陽穿 5 線），均線蛟龍出海型態形成。此時均線呈多頭排列（除 30 日、60 日均線外），MACD、KDJ 等技術指標開始走強，股價的強勢特徵開始顯現，投資人可以開始進場，逢低分批買進籌碼。

3 月 6 日該股開平，收出一根大陽線（收盤漲幅 4.02%），突破前高，成交量較前一交易日放大 3 倍多，當日 5 日均線向上穿過 10 日、30 日均線黃金交叉，均線交叉（複合黃金交叉）向上發散型態形成，均線呈多頭排列。股價的強勢特徵已經相當明顯，投資

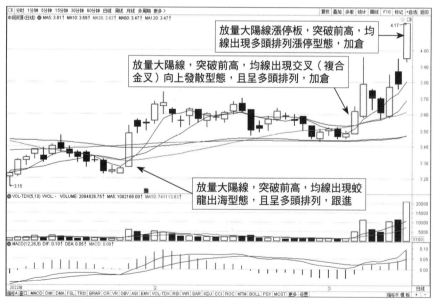

▲ 圖 4-15

人可以在當日或次日進場加碼，此後主力機構繼續向上推升股價。

　　3 月 14 日該股大幅跳空開高（向上跳空 4.22% 開盤），收出一個大陽線漲停板，漲停原因為「黃金＋礦業」概念炒作。突破前高，成交量較前一交易日大幅放大，股價向上突破由短中長期均線形成的多頭排列型態，形成均線多頭排列漲停型態。此時 MACD、KDJ 等技術指標持續強勢，股價的強勢特徵非常明顯，後市持續快速上漲的機率大，投資人可以當日搶板或次日進場加碼。

　　圖 4-16 是 000506 中潤資源 2023 年 3 月 20 日收盤時的 K 線走勢圖，可以看出，3 月 14 日該股大幅跳空開高，收出一個放量大陽線漲停板，突破前高，股價向上突破由短中長期均線形成的多頭排列型態。均線多頭排列漲停型態形成，股價的強勢特徵非常明顯，

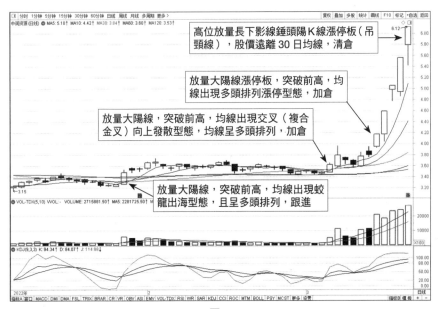

▲ 圖 4-16

此後主力機構快速向上拉升股價。

從拉升情況來看，3月15日起主力機構依托5日均線，採取快速拉升、盤中洗盤、急速拉高的操盤手法，向上拉升股價。至3月20日共4個交易日時間，拉出4個漲停板，股價從3月14日主力機構拉出一個放量大陽線漲停板，當日收盤價4.17元，上漲到3月20日收出一根長下影線錘頭陽K線漲停板，當日收盤價6.12元，漲幅相當不錯。

3月20日該股大幅跳空開高（向上跳空4.14%開盤），收出一根長下影線錘頭陽K線漲停板，成交量較前一交易日明顯放大。

從當日分時走勢來看，早盤該股大幅開高後，股價在前一交易日收盤價上方展開震盪盤整行情，13:49開始主力機構對敲拉高，14:35封上漲停板至收盤，顯露出主力機構利用大幅開高、盤中震盪盤整、尾盤漲停誘多的操盤手法，引誘跟風盤進場而大量出貨的跡象。此時，股價遠離30日均線且漲幅較大，KDJ等部分技術指標開始走弱，盤面的弱勢特徵開始顯現，投資人當天如果還有籌碼沒出完，次日要逢高賣出。

4-2-2　加速上漲初期漲停型態，是即將見頂訊號

均線加速上漲初期漲停型態，是指股價上漲過程中，主力機構突然拉出一個放量大陽線漲停板（或其他型態漲停板），然後加速向上拉升股價。隨著股價上漲加速，均線呈多頭排列且間距越拉越大，股價上漲的角度也越來越陡峭。均線加速上漲初期漲停型態，是形成於個股上漲過程中的均線型態，也是一種上漲走勢已經

接近尾聲，股價即將見頂的均線型態訊號。

實戰操盤中，投資人可以在均線加速上漲初期漲停型態之初，即 5 日均線加速上行拐點出現時，進場買入籌碼。此時，目標股票 5 日、10 日均線呈交叉（黏合）狀態，成交量溫和放大。也可以在目標股票前期走勢中出現明顯進場訊號時，提前逢低分批買入籌碼，比如前期股價出現均線蛟龍出海型態、股價突破均線交叉黏合型態時，就開始進場買入籌碼，提前佈局，靜候加速上漲行情的到來。

投資人在均線加速上漲初期漲停型態之初進場後，一定要注意盯盤追蹤，因為只有在股價見頂前賣出手中籌碼、實現獲利，才算是股市贏家。一般情況下，我們可以經由分析目標股票的成交量、K 線和均線走勢等特徵，來研判股價是否馬上見頂。

比如高位出現成交量放大股價卻滯漲，股價收盤價低於前一交易日收盤價且出現高位十字星、螺旋槳 K 線、錘頭線、倒錘頭線、大陰線等，5 日均線走平或拐頭下行或股價跌破 5 日均線等特徵（現象），就預示股價已經見頂，投資人要及時逢高賣出手中籌碼，落袋為安。

圖 4-17 是 601698 中國衛通 2023 年 2 月 22 日收盤時的 K 線走勢圖，可以看出此時該股處於上升趨勢。股價從前期相對高位一路震盪下跌，股價下跌時間較長、跌幅大。

2023 年 1 月 16 日該股開高，收出一根大陽線（收盤漲幅 4.64%），突破前高，成交量較前一交易日放大 4 倍多。股價向上突破 5 日、10 日、30 日和 60 日均線（一陽穿 4 線），120 日均線在股價下方向上移動，均線蛟龍出海型態形成。

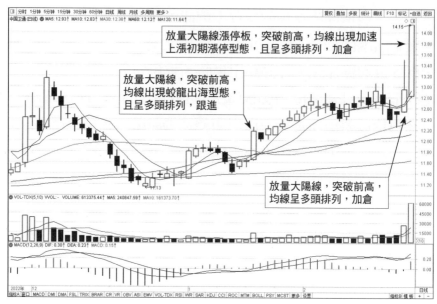

▲ 圖 4-17

此時，均線呈多頭排列，MACD、KDJ等技術指標開始走強，股價的強勢特徵開始顯現，後市上漲的機率大，投資人可以開始進場，逢低分批買進籌碼。

2月21日該股開高，收出一根長上影線大陽線（收盤漲幅3.68%），突破前高，成交量較前一交易日放大2倍多。當日5日均線、10日均線翹頭上行，5日均線加速上漲拐點出現，均線呈多頭排列，股價的強勢特徵已經相當明顯，投資人可以當日或次日進場加碼。

2月22日該股開低，收出一個大陽線漲停板，漲停原因為「6G＋衛星運營＋軍工＋中字頭」概念炒作，突破前高，成交量較前一交易日放大2倍多，均線加速上漲初期漲停型態形成。此時均

線呈多頭排列，MACD、KDJ 等技術指標走強，股價的強勢特徵已經相當明顯。投資人可以當日搶板，或次日進場加倉買入籌碼，然後持股待漲，待股價出現明顯見頂訊號時再賣出。

　　圖 4-18 是 601698 中國衛通 2023 年 3 月 14 日收盤時的 K 線走勢圖，可以看出 2 月 22 日該股開低，收出一個放量大陽線漲停板，突破前高，均線加速上漲初期漲停型態形成。均線呈多頭排列，股價的強勢特徵相當明顯，此後主力機構展開向上拉升行情。

　　從拉升情況來看，2 月 23 日至 2 月 28 日，主力機構連續整理 4 個交易日，成交量呈萎縮狀態，正是投資人進場加倉買入籌碼的好時機。3 月 1 日起主力機構依托 5 日均線，採取快速拉升、短暫洗盤整理的操盤手法，向上拉升股價（3 月 7 日、8 日，主力機構縮

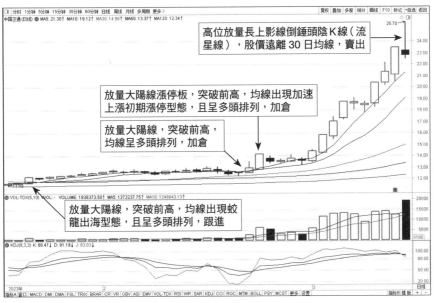

▲ 圖 4-18

量強勢整理2個交易日），至3月13日共9個交易日時間，拉出7根陽線，其中4個漲停板。股價從2月22日主力機構收出一個放量大陽線漲停板當日的收盤價14.15元，上漲到3月13日收出一個大陽線漲停板，當日收盤價23.46元，漲幅相當可觀。

3月14日該股開低，股價衝高回落，收出一根長上影線倒錘頭陰K線，成交量較前一交易日大幅放大，顯露出主力機構採取開低、盤中對敲拉高、尾盤打壓回落等操盤手法，引誘跟風盤進場而大量出貨的跡象。此時，股價遠離30日均線且漲幅大，KDJ等部分技術指標開始走弱，盤面的弱勢特徵已經顯現。投資人當天如果還有籌碼沒出完，次日應逢高賣出。

圖4-19是601595上海電影2023年3月8日收盤時的K線走勢圖，可以看出此時該股處於上升趨勢。股價從前期相對高位一路震盪下跌，股價下跌時間長、跌幅大，下跌其間有過多次反彈，且反彈幅度較大。

2022年10月11日股價止跌後，主力機構展開大幅震盪盤升行情，洗盤吸籌並舉，成交量呈間斷性放大狀態。

11月28日該股開低，收出一根中陽線，突破前高，成交量較前一交易日放大近2倍，股價向上突破5日、10日和120日均線（一陽穿3線），30日和60日均線在股價下方向上移動，均線蛟龍出海型態形成。此時均線呈多頭排列（除120日均線外），MACD、KDJ等技術指標開始走強，股價的強勢特徵開始顯現，後市上漲的機率大，投資人可以開始進場，逢低分批買入籌碼。

2023年3月8日該股開低，收出一個大陽線漲停板，漲停原因為「擬收購＋電影＋上海國資」概念炒作。突破前高，成交量較前

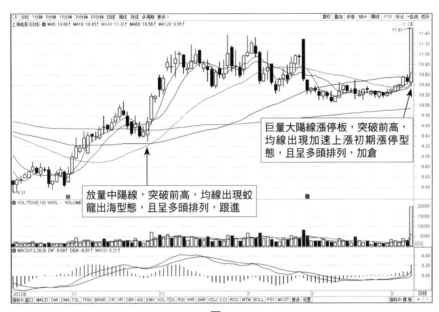

▲ 圖 4-19

一交易日放大 6 倍多，當日 5 日均線向上穿過 60 日均線黃金交叉，
5 日均線加速上漲拐點出現，均線加速上漲初期漲停型態形成。

　　此時均線呈多頭排列型態，MACD、KDJ 等技術指標走強，
股價的強勢特徵已經相當明顯。投資人可以在當日搶板或在次日進
場加倉買入籌碼，然後持股待漲，待股價出現明顯見頂訊號時再賣
出。

　　圖 4-20 是 601595 上海電影 2023 年 4 月 4 日收盤時的 K 線走勢
圖，可以看出，3 月 8 日，該股開低收出一個巨量大陽線漲停板，
突破前高，均線加速上漲初期漲停型態形成。均線呈多頭排列，股
價的強勢特徵相當明顯，此後主力機構展開向上拉升行情。

　　從拉升情況來看，3 月 9 日起主力機構依托 5 日均線，採取快

速拉升、短暫洗盤整理的操盤手法，向上拉升股價。至 4 月 11 日
共 23 個交易日，拉出 17 根陽線，其中 7 個漲停板。股價從 3 月 8
日，主力機構拉出一個放量大陽線漲停板，當日收盤價 11.51 元，
上漲到 4 月 11 日，收出一根縮量大陽線漲停板，當日收盤價 30.49
元，漲幅巨大。

　　4 月 12 日該股大幅開高（向上跳空 4.95% 開盤），股價衝高
回落，收出一根螺旋槳陽 K 線，成交量較前一交易日略有放大。
從當日分時走勢來看，該股早盤大幅開高後，主力機構持續展開高
位震盪盤整，13:36 封上漲停板，14:25 漲停板被打開。此後漲停板
反覆打開封回，尾盤漲停板被大賣單打開，成交量放大，收盤漲幅
8.23%，顯露出主力機構利用大幅開高、盤中持續高位震盪盤整、

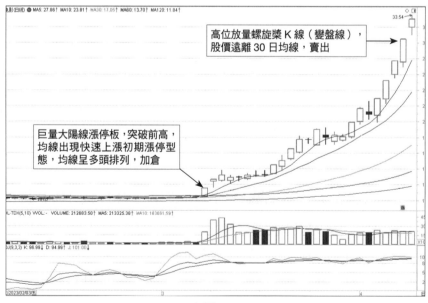

▲ 圖 4-20

漲停及漲停板反覆打開的操盤手法，吸引跟風盤進場而展開出貨的痕跡。

此時，股價遠離 30 日均線且漲幅大，KDJ 等部分技術指標開始走弱，盤面的弱勢特徵開始顯現。像這種情況，投資人如果手中還有籌碼當天沒有出完，次日應該逢高賣出。

4-2-3　快速上漲初期漲停型態，小心上漲接近尾聲

均線快速上漲初期漲停型態，是指處於上升趨勢中的個股，股價由初始的緩慢上漲或強勢整理狀態，某一交易日主力機構突然拉出一個放量大陽線漲停板（或其他型態漲停板），展開向上快速拉升（逼空）行情。均線快速上漲初期漲停型態，是形成於個股上升趨勢中的均線型態，也是一種上升走勢已經接近尾聲，股價即將見頂的均線型態訊號。

均線快速上漲初期漲停型態，與均線加速上漲初期漲停型態有些相似，都是出現在上升趨勢中的後期（也有的出現在長期下降趨勢的中期反彈行情中），都是上漲過程中的變速訊號。可歸類於多頭排列漲停型態之中，是一種比較常見的均線型態，相似於均線上山爬坡型態後期的加速上漲漲停誘多走勢。

但均線快速上漲初期漲停型態，要比均線加速上漲初期漲停型態提速快、漲勢急、角度更陡峭，有直線拉升連續逼空的特徵（現象），上漲行情基本上一氣呵成。

實戰操盤中，投資人可以在均線快速上漲漲停型態之初，即 5 日均線由平行狀態翹頭向上時（上漲拐點），進場買入籌碼。此

時，目標股票 5 日、10 日均線呈交叉（黏合）狀態，成交量放大。也可以在目標股票前期走勢中出現明顯入場訊號時，提前逢低分批買入籌碼，比如前期股價出現均線蛟龍出海型態、股價突破均線交叉（黏合）型態時，進場買入籌碼，提前佈局，靜候快速上漲行情的到來。

投資人在均線快速上漲漲停型態之初進場買進籌碼後，只有在股價見頂前賣出手中籌碼，實現獲利，才算操盤成功。一般情況下，我們可以經由分析成交量、K 線和均線走勢的特徵，來判斷股價是否見頂。

比如在出現成交量放大股價卻滯漲，股價收盤價低於前一交易日收盤價，且出現高位十字星、螺旋槳 K 線、錘頭線、倒錘頭 K 線、大陰線或 5 日均線走平，或拐頭下行或股價跌破 5 日均線等特徵（現象）時，就預示股價已經見頂了，投資人要立馬出局，落袋為安。

圖 4-21 是 601566 九牧王 2023 年 2 月 24 日收盤時的 K 線走勢圖，可以看出此時該股處於上升趨勢。股價從前期相對高位一路震盪下跌，下跌時間長、跌幅大。

2022 年 10 月 31 日股價止跌後，主力機構快速推升股價，收集籌碼，拉出過 2 個漲停板，為吸籌建倉型漲停板。11 月 10 日該股開低，股價衝高至當日最高價 9.65 元回落，收出一根長上影線大陽線，主力機構展開大幅橫盤震盪洗盤吸籌行情，成交量呈間斷性放大狀態，其間收出過 1 個大陽線漲停板，為吸籌建倉型漲停板。

2023 年 1 月 16 日該股開高，收出一個大陽線漲停板，突破前高，成交量較前一交易日放大 3 倍多，股價向上突破 5 日、10 日、

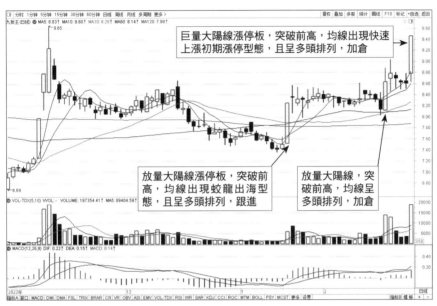

▲ 圖 4-21

30 日、60 日和 120 日均線（一陽穿 5 線），均線蛟龍出海型態形成。

　　此時均線呈多頭排列（除 120 日均線外），MACD、KDJ 等技術指標開始走強，股價的強勢特徵開始顯現，後市上漲的機率大，投資人可以開始進場，逢低分批買入籌碼。

　　2 月 17 日該股開低，收出一根上影線大陽線（收盤漲幅 6.15%），突破前高，成交量較前一交易日放大 3 倍多。當日 5 日、10 日均線翹頭上行，5 日均線快速上漲拐點出現，均線呈多頭排列，股價的強勢特徵已經相當明顯，投資人可以進場，繼續逢低買進籌碼。

　　2 月 24 日該股跳空開高，收出一個大陽線漲停板，漲停原因為

「男裝＋電子商務＋新零售」概念炒作。突破前高，成交量較前一交易日放大5倍多，均線快速上漲初期漲停型態形成。

此時均線呈多頭排列，MACD、KDJ等技術指標走強，股價的強勢特徵已經十分明顯。投資人可以當日搶板或次日進場加倉買入籌碼，然後持股待漲，待股價出現明顯見頂訊號時再賣出。

圖4-22是601566九牧王2023年3月1日收盤時的K線走勢圖，可以看出2月24日，該股跳空開高收出一個巨量大陽線漲停板，突破前高，均線快速上漲初期漲停型態形成。均線呈多頭排列，股價的強勢特徵相當明顯，此後主力機構展開向上拉升行情。

至3月1日共3個交易日時間，拉出3個漲停板，股價從2月24日主力機構拉出一個放量大陽線漲停板，當日收盤價9.46元，

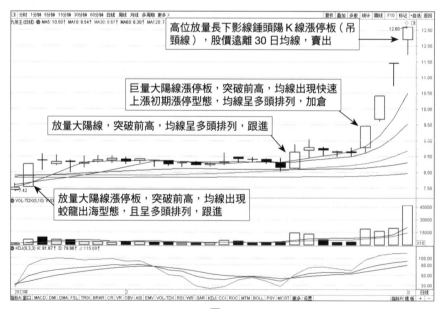

▲ 圖4-22

上漲到 3 月 1 日收出一根長下影線錘頭陽 K 線漲停板，當日收盤價 12.60 元，漲幅相當不錯。

3 月 1 日該股大幅跳空開高（向上跳空 6.55% 開盤），收出一根長下影線錘頭陽 K 線漲停板，成交量較前一交易日放大 2 倍多。從當日分時走勢來看，早盤該股大幅開高後，股價展開高位震盪盤整行情，13:55 封上漲停板至收盤，股價在高位震盪盤整時間長，顯露出主力機構利用大幅開高、盤中高位震盪盤整、尾盤漲停誘多的操盤手法，引誘跟風盤進場而大量出貨的跡象。

此時，股價遠離 30 日均線且漲幅較大，KDJ 等部分技術指標開始走弱，盤面的弱勢特徵開始顯現。投資人當天如果還有籌碼沒出完，次日要逢高賣出。

圖 4-23 是 600895 張江高科 2023 年 3 月 9 日收盤時的 K 線走勢圖，可以看出此時該股處於上升趨勢。股價從前期相對高位一路震盪下跌，至 2022 年 10 月 11 日的最低價 10.21 元止跌，下跌時間長、跌幅大，下跌其間有多次反彈，且反彈幅度較大。

2022 年 10 月 11 日股價止跌後，主力機構展開大幅震盪盤升行情，高賣低買賺取差價與洗盤吸籌並舉，成交量呈間斷性放大狀態。

10 月 31 日該股開高，收出一根大陽線（收盤漲幅 8.38%），突破前高，成交量較前一交易日放大 4 倍多，股價向上突破 5 日、10 日和 30 日均線（一陽穿 3 線），60 日和 120 日均線在股價上方下行，均線蛟龍出海型態形成。

此時均線系統較弱，但 MACD、KDJ 等技術指標開始走強，股價的強勢特徵開始顯現，後市上漲的機率大，投資人可以開始進

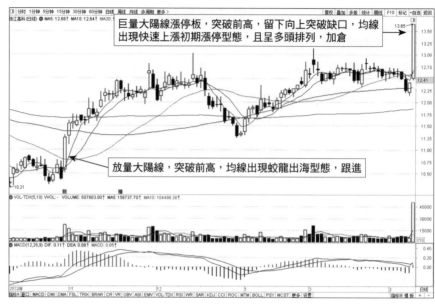

▲ 圖 4-23

場，逢低分批買入籌碼，此後股價繼續震盪上行。

　　2023 年 3 月 9 日該股跳空開高，收出一個大陽線漲停板，漲停原因為「光刻膠＋房地產＋國企改革」概念炒作。突破前高，留下向上突破缺口，成交量較前一交易日放大 9 倍多，當日 5 日均線向上穿過 10 日和 30 日均線黃金交叉（複合黃金交叉），5 日均線快速上漲拐點出現，均線快速上漲初期漲停型態形成。

　　此時均線呈多頭排列，MACD、KDJ 等技術指標走強，股價的強勢特徵已經相當明顯。投資人可以當日搶板，或次日進場加倉買入籌碼，然後持股待漲，待股價出現明顯見頂訊號時再賣出。

　　圖 4-24 是 600895 張江高科 2023 年 3 月 21 日收盤時的 K 線走勢圖，可以看出，3 月 9 日該股跳空開高收出一個巨量大陽線漲停

板，突破前高，留下向上突破缺口，均線快速上漲初期漲停型態形成。均線呈多頭排列，股價的強勢特徵相當明顯，此後主力機構展開向上拉升行情。

　　從拉升情況來看，3 月 10 日至 14 日，主力機構連續回檔洗盤 4 個交易日，成交量呈萎縮狀態，回檔洗盤沒有回補 3 月 9 日留下的向上突破缺口，股價的強勢特徵依然特別明顯，正是投資人進場加倉買入籌碼的好時機。

　　3 月 15 日起主力機構依托 5 日均線，採取快速拉升、盤中洗盤、急速拉高的操盤手法，向上拉升股價。至 3 月 20 日共 4 個交易日時間，拉出 4 根陽線，其中 3 個漲停板。股價從 3 月 9 日主力機構拉出一個巨量大陽線漲停板，當日收盤價 13.65 元，上漲到 3 月

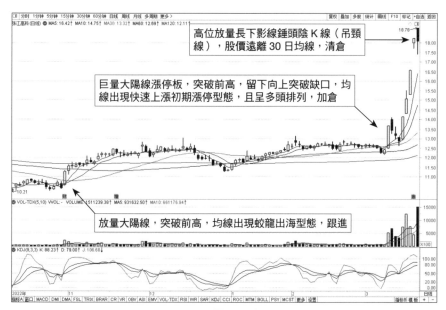

▲ 圖 4-24

20日收出一個縮量小陽漲停板，當日收盤價 18.23 元，漲幅相當不錯。

3 月 21 日該股大幅跳空開高（向上跳空 3.02% 開盤），收出一根長下影線錘頭陰 K 線，成交量較前一交易日放大 3 倍多。從當日分時走勢來看，早盤該股大幅開高後股價直接回落，然後基本上在前一交易日收盤價下方，展開震盪盤整行情，顯露出主力機構利用大幅開高、盤中震盪盤整的操盤手法，引誘跟風盤進場而大量出貨的跡象。

此時，股價遠離 30 日均線且漲幅較大，KDJ 等部分技術指標開始走弱，盤面的弱勢特徵開始顯現。投資人當天如果還有籌碼沒出完，次日要逢高賣出。

看懂均線型態中的賣出訊號

- 均線多頭排列漲停型態，是形成於個股上升趨勢中的均線漲停型態，是股價強勢上漲的一種均線型態訊號。

- 實戰操盤中，此型態形成之後，主力機構開始快速向上拉升股價，投資人要堅定持股信心。拉升其間可能展開縮量回檔洗盤，如果此時拉升幅度不大，也是投資人進場買入籌碼的好時機。

- 但如果股價漲幅過大，或個股走勢已步入均線多頭排列型態後期，投資人就要逢高出局，落袋為安。

【實戰範例】

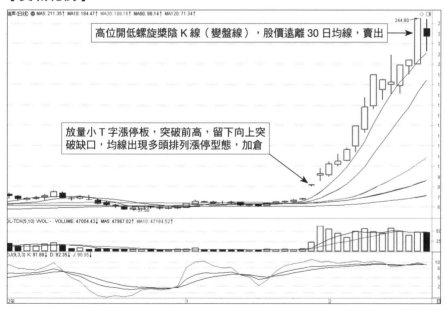

高位開低螺旋槳陰 K 線（變盤線），股價遠離 30 日均線，賣出

放量小 T 字漲停板，突破前高，留下向上突破缺口，均線出現多頭排列漲停型態，加倉

國家圖書館出版品預行編目（CIP）資料

K線紀律學：抓住「波段推升型態」，讓你秒勝的短線、當沖不敗戰法！／
明發著. -- 新北市：大樂文化有限公司，2024.12（優渥叢書Money；083）
240 面；17×23 公分

ISBN 978-626-7422-67-0（平裝）
1. 股票投資　2. 投資技術　3. 投資分析
563.53　　　　　　　　　　　　　　　　　　　　113017409

Money 083

K 線紀律學

抓住「波段推升型態」，讓你秒勝的短線、當沖不敗戰法！

作　　者／明　發
封面設計／蕭壽佳
內頁排版／王信中
責任編輯／林育如
主　　編／皮海屏
發行專員／張紜蓁
財務經理／陳碧蘭
發行經理／高世權
總編輯、總經理／蔡連壽
出 版 者／大樂文化有限公司（優渥誌）
　　　　　地址：220新北市板橋區文化路一段 268 號 18 樓之一
　　　　　電話：（02）2258-3656
　　　　　傳真：（02）2258-3660
詢問購書相關資訊請洽：2258-3656
郵政劃撥帳號／50211045　戶名／大樂文化有限公司

香港發行／豐達出版發行有限公司
地址：香港柴灣永泰道 70 號柴灣工業城 2 期 1805 室
電話：852-2172 6513　傳真：852-2172 4355

法律顧問／第一國際法律事務所余淑杏律師
印　　刷／韋懋實業有限公司

出版日期／2024 年 12 月 30 日
定　　價／320 元（缺頁或損毀的書，請寄回更換）
I S B N／978-626-7422-67-0